Astrologia para gays e lésbicas

Um guia divertido

Dados Internacionais de Catalogação na Publicação (CIP)
(Câmara Brasileira do Livro, SP, Brasil)

Lobo, Estela Rotta
Astrologia para gays e lésbicas : um guia divertido / Estela Rotta Lobo; com ilustrações de Marcio Baraldi. – São Paulo : Summus, 1999.

ISBN 85-86755-17-6

1. Astrologia 2. Homens gays 3. Lésbicas I. Baraldi, Marcio. II. Título.

99-1588 CDD-133.508664

Índices para catálogo sistemático:
Astrologia para gays e lésbicas 133.508664

Astrologia para gays e lésbicas

Um guia divertido

ESTELA ROTTA LOBO
com ilustrações de
MARCIO BARALDI

edições

Projeto gráfico e capa: Brasil Verde
Ilustração de capa: Marcio Baraldi
Editoração eletrônica e fotolitos: JOIN Editoração Eletrônica
Editora responsável: Laura Bacellar

Edições GLS
Rua Domingos de Morais, 2132 conj. 61
04036-000 São Paulo SP
telefax (011) 539-2801
gls@edgls.com.br
http://www.edgls.com.br

Atendimento ao consumidor:
Summus Editorial
Rua Cardoso de Almeida, 1287
05013-001 São Paulo SP
fone (011) 3872-3322
fax (011) 3872-7476

Distribuição:
fones (011) 835-9794 e 3824-0411

Impresso no Brasil

SUMÁRIO

INTRODUÇÃO 7
1. Explicações básicas 9
2. O Sol 19
Áries 21
Touro 30
Gêmeos 39
Câncer 48
Leão 57
Virgem 66
Libra 74
Escorpião 82
Sagitário 91
Capricórnio 100
Aquário 109
Peixes 117

3. O Ascendente 125
4. A Lua 133
5. Relacionamentos 141
Áries com... 144
Touro com... 149
Gêmeos com... 154
Câncer com... 159
Leão com... 164
Virgem com... 168
Libra com... 172
Escorpião com... 176
Sagitário com... 179
Capricórnio com... 182
Aquário com... 185
Peixes com... 187
SOBRE A AUTORA 189
UM ILUSTRADOR DE OUTRO MUNDO 190

INTRODUÇÃO

Astrologia é a tradição que encontra relacionamentos entre o caminho aparente que o Sol e os planetas fazem no céu estrelado – para quem os observa da Terra – e o comportamento das pessoas aqui embaixo.

Ora, se o Sol nasce para todos, por que então escrever um guia astrológico para gays e lésbicas? Leoninos não serão sempre leoninos, sejam heteros ou gays?

Claro que sim. Mas os livros que falam de astrologia parecem se esquecer de que uma parcela de seus leitores é homossexual. Quando citam exemplos, não mencionam a sexualidade de minoria de um sem-número de pessoas famosas. Quando explicam a combinação entre signos, supõem que ela aconteça invariavelmente entre homens e mulheres. E as poucas obras que falam de homossexualidade em geral a associam a desastres, como por exemplo encontrá-la no mapa de nascimento de Oscar Wilde junto com a vida na cadeia.

Não se pode esquecer que astrólogos, mesmo os mais intuitivos e sensíveis, estão inseridos em sua cultura. Se ninguém reclama, continuam a reproduzir os valores da maioria sem pensar, apontando por exemplo as características "masculinas" de Áries como se fossem um problema para as mulheres desse signo, ou a bissexualidade de Aquário como se devesse ser lamentada.

O presente guia, além de considerar a homossexualidade inteiramente natural e saudável, tenta levantar algumas das maneiras habituais de os nativos dos diferentes signos encararem o fato de que são homossexuais. Muito do que é visto como entrave em outras obras está aqui alinhado com as tendências mais humanistas da astrologia, que consideram as tensões como grandes oportunidades de evolução.

Quem é homossexual no mundo preconceituoso e homofóbico de hoje tem de fato a oportunidade de descobrir o que vale a pena para si próprio/a, já que as respostas fornecidas pela sociedade estão em desacordo com o que sente no íntimo. Mais ainda, ganha a chance de colaborar com as inevitáveis mudanças que a era de Aquário está trazendo e de fazer parte da profunda virada de valores que a configuração dos planetões sociais – Plutão, Urano e Saturno especialmente – está armando para as próximas décadas.

Gays e lésbicas são parte muito mais integrante do que imaginam do que vem de bom por aí.

1

Explicações básicas

Este pequeno guia não pretende, evidentemente, esgotar nenhum dos ramos de conhecimento da vasta ciência e tradição conhecida como astrologia. Trata-se apenas de um esboço do que é básico, mas comumente aceito pelas várias correntes de interpretação.

Quando você nasceu, o Sol, a Lua e os dez planetas do sistema solar (não se conta a Terra) estavam em lugares variados das constelações do zodíaco (os chamados signos), isso se tomarmos como referência alguém que olhe para o céu a partir da Terra. A astrologia considera que cada um dos planetas, o Sol, a Lua e o signo que estava no horizonte quando você respirou pela primeira vez – seu signo Ascendente – criam a estrutura da sua existência. Mas atenção: nenhum astrólogo que se preze acha que existe um destino predeterminado. A estrutura pode ser fixa, mas cabe a você escolher como preenchê-la!

Levantar as posições exatas em que os astros estavam no momento do nascimento é o que se chama fazer o mapa astral de nascimento, que fornece indicações sobre as qualidades únicas de cada indivíduo. Essa precisão é muito útil para você ter uma noção das áreas a que precisa dedicar atenção, indicadas como aspectos entre as posições dos planetas. Mas mesmo sem fazer todos os cálculos de um mapa já dá para saber o signo solar, ou seja, em que constelação o Sol estava quando você nasceu.

Como o Sol passa um mês em cada signo, uma pessoa nascida em 10 de janeiro pode ter o Sol em 5 graus de Capricórnio, enquanto outra nascida em 20 de janeiro terá o Sol em 30 graus de Capricórnio, por exemplo. No mapa astral isso faz uma grande diferença, porque mudam os ângulos de aspecto com os outros planetas, mas em termos gerais as duas pessoas serão do mesmo signo solar e terão muitas coisas em comum.

O Sol

O Sol é o astro mais importante para todos os seres vivos, o que se reflete também na astrologia. O signo em que o Sol se encontra no nascimento é considerado tão importante que sequer perguntamos, naqueles bate-papos de festa, qual é o "signo solar" de uma pessoa, apenas seu signo.

O Sol determina a essência da pessoa na Terra, suas qualidades inatas, os charmes e talentos que ela não precisa aprender. Por exemplo, alguém do signo solar de Áries nunca precisará se esforçar para andar mais rápido, nem ouvirá dos pais que seria bom ter mais coragem. Ao contrário, o bebê com Sol em Áries pula do berço antes de saber andar, e briga com cinco moleques mais velhos sem medo de apanhar.

O Sol é também o caminho para que a pessoa descubra a sua individualidade. Todo signo tem seu lado bom e seu lado não tão bom, cabendo a cada um desenvolver seu potencial. Voltando ao nosso Áries apressadinho, ele poderá tornar-se um indivíduo impaciente, reclamão, centrado em si, ou uma pessoa criativa, inovadora, que abre caminho para os outros. A escolha é dele.

O Ascendente

Quando você nasceu, havia um signo se levantando no horizonte, chamado Ascendente. É mais ou menos fácil descobri-lo, já que todos os dias os doze signos ascendem pelo horizonte, levando em torno de duas horas cada um, sendo que o primeiro do dia – o que nasce com o Sol – é o signo solar do mês.

Por exemplo, no dia 30 de julho o signo solar é Leão, e no nascer do Sol naquele dia (digamos, às 6h15) o Ascendente é também Leão, até as 8h15. Aí vem o signo seguinte na roda do zodíaco, Virgem, por mais duas horas, e assim por diante. Alguém nascido ao meio-dia de 30 de julho teria portanto Libra como ascendente.

O signo que se levanta no horizonte é importantíssimo na constituição da personalidade. Enquanto o Sol determina a essência, o Ascendente molda a forma, ou seja, a aparência física da pessoa e sua maneira de agir no mundo. É por isso que tantas descrições de signos (solares) parecem furadas, visto que o Ascendente pode mascarar quase completamente a essência do indivíduo.

Por exemplo, uma pessoa com Sol em Aquário será mental e sonhadora, mas se tiver o Ascendente em Capricórnio todo aquele idealismo de sua natureza tomará uma forma muito mais direcionada e ambiciosa, e provavelmente ela não será tão distraída como tipicamente se espera de aquarianos.

A Lua

Na Antigüidade, a Lua era tão importante quanto o Sol nas predições astrológicas, e até hoje os signos chineses derivam de um calendário lunar. Como estamos, aqui no Ocidente, em uma cultura que preza mais as qualidades solares – o masculino, racional, linear e iluminado – em detrimento das qualidades lunares – o feminino, intuitivo, curvilíneo e obscuro –, a Lua ficou em segundo plano em nossa astrologia. Ainda assim, o signo que ela ocupa no nascimento dá todo o tom da vida emocional da pessoa, aquilo que ela busca encontrar em alguém e que a faz sentir-se confortável.

Por exemplo, alguém com a Lua em Gêmeos precisa, para sentir-se bem, de uma casa ligada com o mundo, com internet, tv a cabo, telefone e o que mais surgir. Essa pessoa procura em um parceiro muita troca de idéias, conversas longas e variadas e bastante estímulo intelectual. Mesmo que se trate de um gay de signo solar em Touro, caladão e lento por natureza, pelo menos nos relacionamentos ele irá procurar as qualidades de Gêmeos.

Os elementos

Os elementos são características que os signos repartem entre si. Se signos fossem pessoas, eles fariam grupinhos de familiares – os outros signos do mesmo elemento –, de amigos – os signos do elemento compatível –, de gente estranha – os signos do elemento que não combina muito – e de gente de quem eles não gostam – os signos do elemento mais oposto.

Há quatro elementos, correspondentes ao que nós, ocidentais, vemos como as energias primordiais: fogo, água, terra e ar. Os três signos de fogo têm várias qualidades em comum e se entendem muito bem entre si e com os três signos de ar, seguindo a imagem de que o ar alimenta o fogo e o fogo movimenta o ar.

Os signos de terra e água também repetem essa compatibilidade, já que a água torna a terra fértil e a terra alimenta a água. Tradicionalmente, a astrologia considera que a combinação entre signos de terra e fogo, e de água e ar são difíceis, e entre terra e ar, e fogo e água são mais complicadas ainda.

Tudo é uma questão de interpretação. De fato, as características comuns dos signos do elemento terra – como praticidade, pé na terra, gosto pelo dinheiro e pelos prazeres dos sentidos – parecem ser opostas a algumas dos signos de ar – como idealismo, cabeça nas nuvens, gosto pelas idéias e pelos prazeres do raciocínio. Ainda assim, a combinação não só é possível como produz indivíduos mais completos, não tão tendenciosos como se habitassem um único elemento.

O elemento fogo: Áries, Leão e Sagitário

O fogo é o primeiro elemento a surgir na roda do zodíaco e representa o impulso inicial sem o qual não há vida. Quem nasce em signos de fogo traz calor para as relações, nem que seja na forma de brigas. Arianos, leoninos e sagitarianos têm todos entusiasmo pela vida, são muitas vezes inocentes e maravilhosos em seu idealismo, abrem caminhos inacreditáveis através de seu otimismo e coragem, são a faísca de inspiração que detona os movimentos.

São também centrados em si (quando não totalmente megalomaníacos), narcisistas charmosos, pouco realistas de modo geral e inconstantes quando o caminho fica pedregoso.

O elemento terra: Touro, Virgem e Capricórnio

A terra surge logo após o fogo na roda do zodíaco, como que para transformar toda aquela energia e movimento em coisas concretas e reais. Quem é de terra costuma ser prático, realista, da filosofia do melhor um na mão do que dois voando. São pessoas para quem o mundo material é de suma importância, inclusive as riquezas, mas não só: plantas, paisagens, comidas, o toque da pele, o carinho dos animais pertencem ao vasto reino da terra. Taurinos, virginianos e capricornianos são ainda supertrabalhadores, um tanto pessimistas, lentos, dedicados e a melhor companhia para as horas difíceis.

O elemento ar: Gêmeos, Libra e Aquário

O ar vem compensar o peso da terra, incluindo as idéias, sonhos, pensamentos e planos na existência humana. Quem nasce em um dos signos de ar se interessa por problemas abstratos e de alcance geral, e gosta de resolver as coisas em princípio antes de partir para a prática. São pessoas que trazem o raciocínio para as relações, buscando uma razão para o que fazem. Às vezes se perdem em devaneios e se afastam do calor das outras pessoas em busca de idéias perfeitas, mas são os questionadores necessários daquilo que fazemos como sociedade e os pensadores inquietos sobre os mistérios do universo.

O elemento água: Câncer, Escorpião e Peixes

A água fecha o zodíaco, de certa forma o elemento mais completo de todos. O que era vago torna-se profundo, o seco fica fértil, o calor se equilibra. Pessoas nascidas em um dos três signos de água são intuitivas, muito ligadas ao seu emocional e não se deixam enganar pelas aparências. Movem-se facilmente entre diferentes círculos e superam os obstáculos com sua flexibilidade, apesar de uma tendenciazinha à depressão e a se entregar às sensações. Cancerianos, escorpianos e piscianos trazem a água da vida às ligações entre as pessoas, compreendendo e colocando-se no lugar do outro como se as barreiras do ego não existissem.

Signos cardinais, fixos e mutáveis

Os signos se agrupam de uma outra maneira além de pelos elementos. Do mesmo modo que alguém pode ser corintiano e budista e ter um colega corintiano e católico, os signos se organizam em panelinhas de cardinais, fixos e mutáveis. Cada um desses agrupamentos reúne signos dos quatro elementos, que não têm muito em comum além da postura básica em relação a agir e ao movimento.

Áries, Câncer, Libra e Capricórnio são os signos cardinais do zodíaco, partilhando entre si o espírito de iniciativa, liderança e de abrir caminho. Gays e lésbicas com o Sol em signos cardinais preferem ser chefes a subordinados, se dão bem em seus próprios negócios e não têm medo de fundar organizações ou criar eventos para resolver os problemas que percebem.

Touro, Leão, Escorpião e Aquário são os signos fixos da roda zodiacal. Especialmente habilitados para manter, organizar e estruturar, são realizadores poderosos que fazem crescer o que os cardinais plantaram. Pessoas nativas de signos fixo são teimosas, persistentes e em geral muito bem-sucedidas.

Gêmeos, Virgem, Sagitário e Peixes são os signos mutáveis, que compartilham entre si a capacidade de comunicação e ligação. Eles são o cimento que une os tijolos dos signos fixos, permitindo a continuidade entre ação e organização. Lésbicas e gays nascidos em signos mutáveis são ótimos professores, simpáticos comunicadores, rápidos em entender e aperfeiçoar o que foi criado.

Como usar este livro

Esta obra divide-se em signos solares, signos lunares, signos de Ascendente e relacionamento entre os signos.

Se você souber o signo de seu Ascendente e da sua Lua, combine essas informações com aquelas sobre seu signo solar. Quando ler sobre os relacionamentos, considere também o relacionamento entre o seu signo lunar e o da pessoa com quem você está, para ter uma idéia um pouquinho mais completa sobre as facilidades e dificuldades entre vocês.

Mas lembre-se: todo signo tem suas riquezas e mistérios, não há um que seja melhor ou pior que os outros.

2

O Sol

O Sol determina, no mapa astral, qual é a essência da pessoa. O signo em que está aponta para o que ela tem de talentos inatos, que não precisa se esforçar para desenvolver, e o que ela vai ter de cultivar.

Pensa-se, em astrologia, que a roda do zodíaco é uma indicação do caminho da evolução das pessoas nessa vida ou ao longo de muitas existências, sendo que nesse caso o signo anterior ao solar de nascimento indicaria as lições já aprendidas – como a capacidade de cuidar dos outros característica de Virgem, que já estaria incorporada à gentileza de Libra – e o signo seguinte indicaria as lições a serem aprendidas – como o poder de transformação profunda de Escorpião, ainda no futuro para os pouco poderosos librianos.

O signo oposto ao signo solar – aquele que está seis signos adiante do seu, como Capricórnio de Câncer – é o que mais atrai por ser complementar em suas qualidades e defeitos. É também um signo que causa conflitos espetaculares, dada a sua essência basicamente oposta à sua. A astrologia imagina, no entanto, que tanto dentro da pessoa, na forma de aspectos com muita tensão, como entre pessoas, na forma de relacionamentos difíceis, o caminho mais sábio é o da integração dos elementos opostos, para que você, ou o seu casamento, contenha um pouco de tudo o que a natureza humana tem a oferecer.

Faz parte da filosofia de interpretação astrológica também que o zodíaco não é uma roda mas uma espiral, e que você sempre pode passar pelo mesmo signo de maneira mais elevada, aprendendo a expressar aquelas qualidades de forma cada vez mais criativa e benéfica a você e aos outros. Assim, uma pisciana não é necessariamente mais sábia que uma aquariana, apesar de estar à sua "frente" no zodíaco, porque a aquariana pode estar em um outro patamar da espiral, e estar sendo idealista e revolucionária de modo mais eficiente para a vida do planeta do que a nativa de Peixes, apesar de toda a sua intuição e religiosidade naturais.

Visto assim, não há começo nem fim na roda da evolução, pior ou melhor, mas apenas um constante convite para que a gente se aperfeiçoe.

Áries
21 de março a 20 de abril

Símbolo

Áries é o primeiro signo do zodíaco, a fonte da vida. É representado pelo carneiro, um bicho que se irrita a troco de nada e abaixa a cabeça para dar chifradas assim que as coisas não estão de seu agrado. É o que rompe obstáculos – daí o aríete, aquele tronco enorme com uma cabeça de carneiro na ponta que na Antigüidade era usado para arrombar os portões dos castelos na marretada.

Áries é regido pelo planeta Marte, o deus da guerra e da coragem. Sua cor é o vermelho, seu metal, o ferro, seu espírito, o do criador. É também um signo cardinal, ou seja, daqueles que mandam muito e obedecem pouco.

Físico

Arianos costumam ter a cabeça proeminente de alguma forma – muito bonita, muito grande, com a testa muito alta.

Suas sobrancelhas tendem a ser longas e quase se unirem acima do nariz, imitando o desenho dos chifres do carneiro. Gays nascidos em Áries têm um jeito muito masculino, brusco, decidido, o que em geral lhes causa poucos problemas em nossa sociedade machista. As lésbicas, por outro lado, mostram esse mesmo jeito, o que costuma resultar em muitos "comporte-se, menina!" de mães desesperadas. Homens e mulheres são atléticos e se dão bem em esportes, quanto mais competitivos e arriscados, melhor. Têm dores de cabeça freqüentes e uma saúde frágil. São rápidos de movimentos, fortes, nervosos e atirados.

Na vida

Áries é o bebê inocente, charmoso, confiante de que o mundo vai lhe dar tudo de que precisa – e gritão quando não é imediatamente atendido. É *muito* impaciente e sempre o primeiro da fila. Acha que, se alguma coisa vale a pena, tem que ser feita *agora*. Considera-se o centro natural das situações e não tem o menor problema em sair comandando os outros. Além de sargentão inato, é um guerreiro destemido, que impressiona amigos e inimigos com uma audácia que pode beirar a insanidade. Sabe aquela velhinha que enfia o guarda-chuva no estômago do ladrão armado? Ariana. Sabe aquele cara feinho que despreza com arrogância o bistecão mais gostoso da festa? Ariano.

Resolvendo problemas

A maneira de arianos fazerem as coisas é em linha reta. Péssimos mentirosos e uma desgraça como diplomatas, são aqueles adolescentes que respondem para os pais evangélicos: sou gay sim, e daí? Sempre ativos e em movimento, só param o suficiente para avaliar se vão dar uma machadada na cabeça ou no braço do inimigo – metaforicamente ou nem tanto. Protegidos pelo deus da guerra, conseguem ser provocadores na linha de frente de uma passeata contra um governo ditador sem morrerem nas mãos da polícia como seria de esperar. Gays e lésbicas de Áries resolvem tudo de modo direto, corajoso e muito autêntico.

Combatendo preconceitos

Carneirinhos não conseguem pôr fé em nada que impeça sua espontaneidade. Acreditam desde as entranhas em seus direitos individuais, podendo desafiar a hierarquia mais poderosa sem pestanejar. Por outro lado, podem resolver que não vale a pena falar a respeito e que a sua vida é problema exclusivo deles próprios.

Arianos têm seu próprio código de conduta, o que em geral faz com que exerçam sua sexualidade naturalmente, sem se importarem muito por pertencerem a minorias. Quando escolhem brigar por direitos, o fazem de forma aberta, agressiva, impulsiva. São iniciadores de movimentos, os primeiros a se revoltar contra a repressão, audaciosos inovadores e bastante reclamões. As lésbicas são em geral feministas ferrenhas, ciosas de comprar uma briga pela igualdade das mulheres. Os gays de Áries acham-se no direito de caçar os homens que quiserem, onde bem entenderem.

Família

Famílias repressoras podem segurar filhos carneiros na base da força bruta, mas dificilmente convencê-los de que estão errados. Apesar de seu poder de briga, no entanto, os arianos têm um enorme ponto fraco: são nenezões a vida inteira. É fácil abalar a sua confiança ingênua, ou deixá-los inseguros em termos afetivos. Precisam de calor e atenção para não se sentirem abandonados, o que às vezes cria conflitos com famílias pouco amorosas. Arianos que tiveram uma infância desprotegida ou fria podem se tornar cruéis e fechados em si. Os que foram bem tratadinhos, no entanto, são leais, quentes e emocionalmente honestos.

Amigos

Arianos são seres sociáveis, com muitos "companheiros de armas". Como vivem em atividade, preferem as pessoas que os acompanham aos bares que acabaram de abrir, aos campeonatos de asa-delta, às caçadas sexuais. Uma ariana é capaz de enfrentar com as mãos nuas a gangue de viciados que está atacando sua amiga, mas morre de tédio ouvindo suas lamúrias de não-conquista ao telefone. Os nativos desse signo se impressionam com atos corajosos e preferem sempre amigos aventureiros e atirados como eles mesmos.

Amores

Carneirinhos são um pouco inquietos, por isso costumam namorar bastante gente antes de se envolver a fundo. Iniciam relacionamentos quase com a mesma facilidade com que os terminam porque têm horror da rotina e investem pouco em permanência. Jantares caseiros à luz de velas são portanto pouco populares com este signo. Homens e mulheres de Áries são avessos ao morno, preferindo uma boa briga que agite o sangue a diálogos bem educados e frios. Não levam vida dupla porque não são capazes, entregando logo se estão tendo um caso com fulano ou se gostaram de beltrana na festa de ontem. Quando encontram alguém a quem possam mostrar seu lado carente, esses guerreiros e guerreiras ficam amorosos e apaixonados. No entanto, sempre é bom mantê-los ocupados e começar a treinar boxe tailandês ou comprar um veleiro para dar a volta ao mundo, de preferência traçando um roteiro pelos pólos, para mantê-los por perto.

Cama

Nativos de Áries são ardentes, diretos, sem frescuras. Gostam de experimentar brinquedos e posições e mantêm uma atitude inocente a respeito de sexo, na linha "o que é tão bom não pode fazer mal a ninguém". O lado bebê, no entanto, dificulta que ouçam críticas com tranqüilidade. Caso achem que sua performance não está agradando, os arianos podem bem ir procurar outros parceiros mais interessados. Como são cheios de vitalidade e ativos, não costumam ficar encalhados muito tempo.

Grande ponto forte

Gays e lésbicas com o Sol em Áries vêm ao mundo para mostrar que seus desejos podem se realizar, pouco importando que ninguém o tenha feito antes. São eficientes atletas, empreendedores, soldados, pilotos, metalúrgicos.

Desafio a superar

Não é à toa que, na Antigüidade, carneiros eram usados nos sacrifícios aos deuses: esses bichos não gritam mesmo com a faca na garganta, parecendo que concordam em morrer em honra a uma força superior. Quem tem o Sol nesse signo tem uma certa tendência similar a entrar afoitamente em situações e acabar sacrificado em prol de ideais ou mesmo manipulações de outros. Não se pode esquecer que arianos são meio tapados para os meandros da diplomacia... Portanto, gays e lésbicas carneiros precisam aprender a contar os jacarés antes de se jogarem no rio caudaloso, e medir um pouco as intenções das donzelas e donzelos que precisam de salvamento antes de vestirem sua armadura brilhante. Pode ser que o dragão esteja disfarçado de amigo. Quando conseguem equilibrar seu impulso atirado, carneirinhos passam de soldados a grandes generais, conseguindo mudar as coisas com grande poder.

Touro
21 de abril a 21 de maio

Símbolo

Touro é o segundo signo do zodíaco e o primeiro do elemento terra. A sua é a força do crescimento, da Natureza quando explode em flores, da floresta exuberantemente verde. Seu planeta regente por enquanto é Vênus, a deusa da beleza, que Touro divide com Libra, mas acreditam alguns estudiosos que o verdadeiro planeta dos tourinhos ainda está por ser descoberto, e que será o símbolo de força e majestade. Sua cor é o verde, seu metal, o cobre, seu espírito, o do que guarda. É um signo fixo, o que significa que prefere continuar o que outros já iniciaram, mas sempre a seu modo individual – e teimoso.

Físico

Gays e lésbicas de Touro têm um belo apetite e uma forte tendência a engordar, como o animal que é seu símbolo. Tipicamente apresentam cabelos castanhos e olhos doces, uma voz melodiosa e grave e têm grande força física, aliada a uma bela preguiça. De Vênus tiram feições bonitas e equilibradas, e uma enorme sensualidade. Seu ponto fraco é a garganta, onde sentem dores mesmo quando adultos. Do touro tiram a lentidão para se mexer, mas podem se transformar numa locomotiva desembestada de fúria quando suficientemente provocados. Tente nunca fazer isso, você não vai saber o que foi que passou por cima de você...

Na vida

Taurinos acham que a vida existe para ser aproveitada. Parecem naturalmente ligados à mãe terra em sua praticidade e amor pelas coisas simples: flores, boa comida, sombra e água fresca, além, claro, de alguém para abraçar. São carinhosos ao extremo, comunicando-se pelo tato mais do que qualquer outro sentido. Gostam de tudo que é sólido, como a casa do vovô, ouro puro, fazendas já plantadas, negócios centenários. Têm um talento natural para acumular coisas, seja jarros vazios de geléia no porão, seja francos numa conta na Suíça. São contemplativos como a vaquinha que mastiga seu capim e grandes apreciadores de arte. Gays e lésbicas de Touro tendem a seguir profissões conservadoras e ser dos que menos perdem nas quedas das bolsas, porque acreditam mais no que podem segurar na mão, como belos carros e obras de arte, do que em ações na bolsa de Nova Iorque.

Resolvendo problemas

Se você vê alguém que se levanta para falar primeiro numa discussão em grupo, pode ter certeza de que *não* é uma pessoa de Touro. Gays e lésbicas desse signo têm a virtude de pensar antes de falar, mas isto não quer dizer que não tenham opinião. Ao contrário, suas convicções parecem ter se formado aos oito anos de idade depois de algo que ouviram do tio Artur, e é preciso pelo menos uma bomba atômica para fazê-los mudar de idéia. Parecem mansos e dóceis, mas traga um trator se quiser movê-los contra a sua vontade...

Tourinhos são ótimos em movimentos de luta pelos direitos humanos porque mantêm a calma mesmo nas mais extremadas situações, contrabalançando o entusiasmo excessivo de colegas afogueados e a depressão da turma que acha sempre que vai dar tudo errado. Procuram as soluções mais práticas e viáveis, em geral propondo, timidamente, o óbvio em que ninguém pensou. São também superconfiáveis e constantes, mantendo-se firmes quando metade dos outros já se dispersou para cair na gandaia.

Combatendo preconceitos

Gays e lésbicas de Touro são pessoas naturalmente conservadoras, que hesitam em levantar bandeiras chocantes contrárias aos hábitos mais arraigados da sociedade. Ao mesmo tempo, vivem sua sexualidade de forma muito forte e imediata, sendo difícil para elas suprimir ou negar o que sentem. Em seu caminho pausado e seguro, acabam chegando a posições firmes sobre o quanto querem se expor e brigar, das quais dificilmente arregam. É raro, portanto, ver líderes taurinos de grupos, mas, quando resolvem, permanecem lutando a vida inteira. Como signo bastante individual, Touro se incomoda mais consigo e com os seus do que com a sociedade em geral. É capaz de grandes movimentos para proteger alguém, mas não para defender conceitos abstratos. Uma de suas armas mais potentes, além da força e da constância, é o seu senso de humor, que fura o balão de egos excessivamente inflados.

Família

Crianças de Touro são rechonchudas e saudavelmente interessadas na natureza, logo aprendendo como funciona de fato o sexo além das flores e abelhinhas. Relativamente obedientes, respeitam a autoridade dos mais velhos enquanto estes lhe envolvem com proteção e carinho, mas são uns serezinhos teimosos. Se resolverem que o ursinho Teo precisa de banho, dá menos trabalho tirar depois o mofo da pelúcia molhada do que convencer o jovem nativo de Touro a parar com a birra. Costumam ter sentimentos muito intensos por sua mãe, seja de amor, seja de desamparo. Tourinhos necessitam de abraços constantes, podendo facilmente sentir-se privados do toque essencial. Quando a relação com sua família é de confiança, contam com naturalidade sobre a sua orientação sexual assim que a determinam, o que pode demorar um pouco dada a sua tendência a ruminar as coisas. Quando no entanto sentem que seu lar não é caloroso o bastante, fecham-se e exercem sua sexualidade de maneira muito discreta.

Amigos

Gays e lésbicas taurinos costumam ter poucos e bons amigos. Sua fidelidade conquista quase que novos parentes e não amigos passageiros, que participam de sua vida intimamente. O lado vaquinha desse signo nutre bezerros desmamados pela vida afora, oferecendo conforto e alimento – literalmente, em mesas fartas – a quem comove seu coração. Em contrapartida, esperam o mesmo de seus amigos, ofendendo-se mortalmente se não recebem igual apoio sem medidas quando precisam.

Amores

Sol em Touro faz as pessoas fiéis, amorosas, dedicadas e *muuuuuuito* ciumentas. Na verdade, trata-se do signo mais absurdamente ciumento do zodíaco. Aquele homem que você pensa estar sendo carinhoso quando cheira o seu colarinho na verdade está tentando sentir o perfume de algum outro. A mulher que telefona no meio da noite para dizer que adora você está checando se você está em casa. E se você demora para atender, ela já pensa que você está enrolada nos braços de outra... E não há argumento que funcione: como tourinhos são pouco abstratos, só acreditam no que sentem, ou seja, quando estão a seu lado segurando você – e atendendo seus telefonemas para saber quem está ligando...

Cama

Sensualidade é a palavra mestra de gays e lésbicas de Touro. Hiperligados no corpo, eles reagem lindamente a qualquer contato, esquecendo o mundo para desfrutar os prazeres da cama – e da banheira, da mesa da cozinha, do elevador, da grama do sítio etc. etc. etc. e muito etc. Não converse com taurinos, toque-os. Não toque de leve, agarre-os. Não seja sensual, faça sexo. Entre na sacanagem, deite e role nas suas sensações. Se este signo fosse de falar e mostrar mais, já teríamos um monte de *Nove e meia semanas de amor* gays e lésbicos.

Grande ponto forte

Gays e lésbicas de Touro vêm ao mundo para nutrir e apoiar, como a terra fértil, aquilo em que acreditam em seus corações. São excelentes fazendeiros, banqueiros, escultores, pais e mães.

Desafio a superar

"Mão-de-vaca" tem um certo fundamento no comportamento dos tourinhos. Gente com o Sol em Touro economiza, acumula e quase sempre conquista uma situação financeira sólida, dada a sua aptidão natural para lidar com as coisas físicas. No entanto, este é um signo que não facilita a absorção de idéias e conceitos abstratos, fazendo destes gays e lésbicas muitas vezes excessivamente materialistas. Seu desafio é vencer a atração do ouro e abrir-se para poderes mais sutis, como os espirituais e os da natureza, nos quais podem encontrar muito da paz que tanto buscam. Quando enveredam pelos caminhos mágicos, são bruxos e bruxas de grande poder.

Gêmeos
22 de maio a 21 de junho

Símbolo

Gêmeos é o terceiro signo da roda do zodíaco e o primeiro do elemento ar. Seu símbolo são dois bebês adoráveis, ou duas crianças em movimento, indicando o início da complexidade na consciência humana. Enquanto taurinos e arianos são centrados no eu, geminianos percebem outros pontos de vista, múltiplos e diferentes. Regido por Mercúrio, o mensageiro dos deuses que tinha asas nos pés, representa a ligação entre os céus e a terra através da mente, da rapidez e da flexibilidade. É um signo mutável, fazendo dos nascidos sob este Sol bons continuadores e colaboradores do trabalho dos outros. Seu metal é o mercúrio, sua cor, o laranja, seu espírito, o do pensamento.

Físico

Gays e lésbicas nascidos com o Sol em Gêmeos costumam ser magros, não muito altos, de movimentos nervosos e rápidos. Seus olhos são brilhantes e inteligentes, suas expressões mais mutáveis que as de um ator. Não param quietos e falam mais que a boca, com grande charme e interesse. Parecem ter uma aura de eletricidade e um charme muito sedutor. Costumam fumar mais do que deveriam, o que ataca seu ponto fraco no corpo, os pulmões.

Na vida

Geminianos vão atrás do que lhes desperta a curiosidade, sendo capazes de descobrir coisas de sua tia Antonia que ela não contava fazia quarenta anos... Charmosos, inteligentes e rápidos, encaram o mundo como uma caixa de surpresas que deve ser aberta e investigada. São, por esta razão, ótimos detetives e pesquisadores, e quando se dedicam a dar aulas aprendem com seus alunos tanto quanto ensinam. Têm uma aptidão natural para outras línguas e facilidade de entender e imitar hábitos de culturas as mais diversas, sendo raro os que não foram ver de perto as atrações gays e lésbicas de Londres, Nova Iorque, Tailândia, San Francisco etc. etc. O lado reverso de tanta flexibilidade intelectual é uma certa inquietude e pouca paciência com cenários "parados". Gays e lésbicas de Gêmeos escorregam pelos dedos de quem tenta prendê-los, exatamente como o metal que os simboliza. Fogem da rotina como se fosse uma tortura medieval, gastando muita energia em atividades que podem largar pelo meio se sentirem que estão acorrentados a elas.

Resolvendo problemas

Nativos de Gêmeos resolvem as coisas pela conversa (muita), pela cabeça (rápida) e pela troca (esperta). Muitas vezes, dão a impressão de que são "maria-vai-com-as-outras" e não têm opinião própria. Na verdade, empolgam-se com facilidade com novas idéias e são capazes de mudar toda a sua visão de mundo com uma rapidez desconcertante para pessoas de outros signos, mas acreditam com sinceridade no que dizem. Apesar de darem a impressão de não estar prestando atenção, na verdade eles são mesmo capazes de falar com você, assistir a televisão e passar um e-mail ao mesmo tempo. São ótimos para perceber novos conceitos e antenadíssimos para modas e manias, nunca se apegando a preconceitos rígidos. Se fôssemos invadidos por extraterrestres, ninguém melhor que geminianos para extrair deles a que teriam vindo e a razão de sua cor esverdeada.

Combatendo preconceitos

Gays e lésbicas com Sol em Gêmeos têm um amor instintivo pela liberdade, detestando quem tente lhes dizer o que pensar ou fazer. Experimentam muito com sua sexualidade, definindo seus próprios padrões de conduta cedo na vida. Odeiam pessoas rígidas, apesar de poderem sentir atração por personalidades de idéias fortes e adotar as disciplinas mais disparatadas – como ioga tântrico ou abstenção sexual – por algum tempo. Falam com convicção e bastante sobre tudo em que acreditam, tornando-se eficientes porta-vozes de grupos ou entidades gl enquanto estiverem interessados. Sua habilidade para vender e comprar coisas – Mercúrio é também o deus do comércio – pode ser bem útil para ongs desendinheiradas neste nosso mundo de poucos fundos. Apesar de, por sua natureza volúvel, não serem líderes consistentes ou muito duráveis, contribuem sempre com idéias brilhantes e perspectivas inesperadas para os movimentos que despertam seu idealismo. São os geminianos quem já ouviram falar de tudo, já leram de tudo um pouco, e conseguem com a mesma naturalidade fazer brincadeiras com um deputado homofóbico raivoso e dar entrevistas em cadeia nacional sobre a cor da estação para gravatas gays.

Família

Crianças geminianas parecem já nascer fazendo perguntas e dizendo coisas hiperavançadas para a idade. Quem cuida de um geminiano pensa que tem duas ou três crianças, já que num momento ela está concentradíssima no *game* mais recente e dali a segundos parece que um clone seu foi até a cozinha conversar com o avô sobre a fazenda no Pantanal. Geminianos são inaprisionáveis, escapando de proibições, quartos trancados, deveres de casa e obrigações em geral com charme, mentiras hipercriativas ou simplesmente por mágica. Adolescentes gays e lésbicas se envolvem com parceiros de seu próprio sexo muito antes de sua família imaginar que entraram na puberdade, assim como drogas e rock'n'roll e o que pintar pela frente. Dificilmente você encontrará geminianos se corroendo de culpa por algo que tenham provado, mas podem passar por diferenças brutais de opinião sobre sua orientação sexual até assentarem na tolerância que provavelmente irá caracterizar sua vida adulta.

Amigos

Nativos de Gêmeos são amigos fascinantes, ótimos para animar qualquer reunião e servir de ponte entre grupos disparatados. Interessam-se por fofocas de todas as idades e sempre estão absurdamente bem informados sobre detalhes da vida de todo mundo. Charmosos e alertas, dão respostas espirituosas e inesperadas para os problemas que ouvem. Não espere, no entanto, encurralar sua amiga geminiana para acompanhar você à festa de casamento de sua prima chata. Se ela estiver na fase lésbica radical, vai abominar esta expressão de privilégios heterossexuais. Se estiver em sua fase burguesa, vai fugir da chatice de sua prima...

Amores

Geminianos são para lá de irrequietos em relacionamentos, detestando sentirem-se presos. Mostram alguma dificuldade com emoções intensas que não consigam entender intelectualmente, como o amor e o ciúme, mas quando se apaixonam quase sempre o fazem de maneira total e absoluta. Preferem pessoas que os intriguem e com quem tenham longas conversas sobre os assuntos mais variados. O tipo silencioso e sem humor não faz sucesso com gays de Gêmeos, nem mulheres desinformadas seduzem as lésbicas deste signo, a menos que tenham outras qualidades mentais muito interessantes. Já praticantes de safaris fotográficos, reclusos que passaram anos em um *ashram* no Himalaia, estrangeiros exóticos e intelectuais famosos atraem gemeozinhos como mel a moscas. Para manter um relacionamento com um gay ou uma lésbica com Sol em Gêmeos, você precisa dar-lhe espaço para viagens e mudanças, e jamais tentar controlar os minutos que passa longe de você. Ir a festas de gente sacudida e assistir a filmes de países dos quais você nunca ouviu falar também ajuda.

Cama

Geminianos são seres experimentais, daí geralmente se disporem a fazer de tudo ao menos uma vez na cama (e em motéis, elevadores, debaixo d'água), de sadomasoquismo a asceticismo. Bem-humorados e curiosos, esquecem rápido o ruim e encaram com otimismo o novo, bastando não sentir que estão sendo manipulados. Eis aqui o seu parceiro para aquela fantasia de couro e correntes, ou véu de freira, ou roupa de mergulho. Com certeza foram geminianos os inventores do sexo por telefone e das revistas pornográficas. Tudo vale e a imaginação sobra com essas lésbicas e gays sedutores. Mas cuidado com encontros a três e a quatro, você pode perder o gemeozinho para alguém mais descolado...

Grande ponto forte

Gays e lésbicas com Sol em Gêmeos vêm ao mundo para provar que a comunicação, a troca e a união são possíveis mesmo entre os opostos mais distantes. São soberbos escritores, espiões, apresentadores de tv e comunicadores em geral.

Desafio a superar

Geminianos precisam vencer sua tendência a radicalizar tudo e tentar unir os opostos dentro de si mesmos. Na alquimia, mercúrio é o elemento que une o masculino e o feminino, permitindo a grande magia da transformação profunda. Gêmeos tem este potencial, se não se deixar levar pela aparência de oposição das idéias que em geral seduzem seu intelecto.

Câncer
22 de junho a 23 de julho

Símbolo

Câncer é o quarto signo do zodíaco, o primeiro do elemento água. Seu símbolo é o caranguejo, um ser que habita as águas da intuição e tem uma casca bem dura para proteger uma carne muito tenra. Regido pela Lua, é um dos signos mais femininos do zodíaco, fazendo dos nascidos em Câncer pessoas ligadas aos fluxos e refluxos das energias sutis. É cardinal, ou seja, mandão à la supermãe, que fica empurrando mais espaguete pela sua goela abaixo para o seu próprio bem. Seu metal é a prata, sua cores os tons azuis e verdes do mar, seu espírito, o de sentir junto.

Físico

Cancerianos têm uma certa tendência a se parecerem com a Lua cheia, tanto na silhueta quanto no rosto. São quietos em grandes grupos devido a, muitas vezes, sofrerem de uma timidez paralisante, mas entre amigos se revelam amorosos e engraçados. Têm olhos líquidos e brilhantes e costumam ser muito expressivos em suas feições. Seu ponto fraco é o estômago, do qual precisam cuidar, especialmente porque têm o hábito de engolir seu nervosismo, o que é um excelente jeito de cultivar úlceras. Gays e lésbicas com Sol em Câncer costumam ter também de fazer muito regime, dada a sua propensão para cozinhar otimamente bem, tanto para si quanto para os amores.

Na vida

Caranguejinhos são gays e lésbicas complexos, mutáveis como a Lua. Por um lado, parecem que vêm ao mundo com antenas embutidas, sendo capazes de perceber as emoções das pessoas antes que elas digam qualquer coisa. Sensíveis até a raiz dos cabelos, ficam de coração partido ou nas nuvens pelos menores gestos. Por outro lado, têm a casca dos bichos que os simbolizam, podendo ficar mordazes e despejar veneno na sua bebida se você os assustar. São muito ligados ao passado, tendo respeito pela tradição do país em que nascem, a instituição onde trabalham, sua família (à qual são quase sempre muito ligados) e todos os bricabraques e traquitanas que guardam como lembrança dos momentos importantes. Também como o caranguejo, gays e lésbicas desse signo se movimentam de lado, evitando a linha reta em direção ao que desejam. Mas quando chegam lá, agarram seu objetivo com tenazes poderosas e não largam mais.

Resolvendo problemas

Apesar de tímidos, gays e lésbicas de Câncer são cardinais, o que significa que, a seu modo cortês e sensível, mandam muito. Os sentimento das pessoas à sua volta são óbvios para eles, o que facilita uma certa manipulação emocional, que modernamente é entendida como eficiência na administração de recursos humanos. Quando cancerianos resolvem entrar em qualquer tipo de política, cuidado! Eles e elas são aqueles ministros poderosos que mudam o país inteiro através de manobras palacianas sutis. Você não os vê com freqüência na televisão, mas são eles que assopram a decisão final no ouvido do manda-chuva mor. Em geral não são destrutivos, trabalhando mais para a proteção do seu grupo e a manutenção do que já conseguiram. Mesmo assim, não é sábio ameaçá-los, uma vez que podem se ofender como um *capo* mafioso e mandar matar você enquanto degustam um bom vinho... Gays e lésbicas com Sol em Câncer são ainda criativos e artísticos de uma maneira persistente, o que lhes costuma garantir sucesso financeiro e reconhecimento mesmo nas profissões mais áridas.

Combatendo preconceitos

Sol em Câncer dá um traço de tradicionalismo a seus nativos, que por esta razão não costumam se envolver em movimentos radicais de luta por direitos de minorias. Além disso, a sensibilidade dos cancerianos faz com que sofram muito com os preconceitos contra homens e mulheres homossexuais que circulam em nossa sociedade, ativando suas carapaças de defesa. No entanto, sua empatia com os amigos gays e lésbicas mais próximos pode justamente despertar seu instinto de proteção, e aí aquelas tenazes saem beliscando feio. Quando se envolvem em ongs e serviços de assistência social, toda a sua maestria em lidar com os outros vêm à tona, fazendo deles participantes sensíveis e insubstituíveis.

Família

A mãe de uma pessoa de Câncer *nunca* lhe é indiferente. Lésbicas lutam a vida inteira para estabelecer uma identidade feminina que não esteja calcada na mãe, seja como reprodução, seja como revolta. Gays costumam telefonar todo dia para a mãe, mesmo quando dizem que detestam o palpite delas sobre suas camisas (e seus namorados, dependendo da abertura com a primeira mulher em suas vidas). Cancerianos são, além disso, muito protetores dos que lhe são próximos, como uma galinha que abriga um monte de pintinhos de sentimentos feridos sob suas asas. Compreensivos e delicados, são ótimos ouvintes e conselheiros muito afiados para crises sentimentais e familiares.

Amigos

Gays e lésbicas de Câncer têm muitos conhecidos mas poucos amigos. Em geral, mantêm contato a vida inteira com seus colegas de jardim da infância, e organizam reuniões de classe em sua casa para rememorar aquelas primeiras traquinagens. Abrem seu ninho aconchegante apenas para os mais queridos, mas quando o fazem é de forma elegante e hospitaleira. Aliás, adoram dar jantares para os amigos, quando esbanjam seu gosto refinado para comes e bebes. Como a Lua que os rege, mudam muito de humor e enganam com sua aparência de indestrutíveis. Na verdade, são extremamente sensíveis e precisam receber apoio constantemente, para vencer suas persistentes inseguranças afetivas.

Cama

Caranguejinhos são bons de cama porque sentem quase telepaticamente o que o seu parceiro ou sua parceira deseja. No entanto, nem sempre expressam o que gostam, já que são tímidos para falar de sexo e colocar-se para o outro. É sempre bom palpite, com uma lésbica ou gay deste signo, criar um ambiente aconchegante, em que haja muitos jogos sensuais antes do sexo mais direto, e cochichar frases melosas no seu ouvido.

Amores

Lésbicas e gays de Câncer inventaram o romantismo nas relações e simplesmente adoram juras de amor, cartões cor-de-rosa, flores, perfumes, jantares à meia-luz, vinhos em frente à lareira e olhares apaixonados. Como bom signo de água, são capazes de se embriagar com suas próprias emoções, e nada os faz sentir melhor do que se apaixonarem. Tanto os homens quanto as mulheres se envolvem primeiro com o coração, sendo difícil encontrar os gays deste signo em uma sauna ou *darkroom*. Para agradar um gay canceriano, é preciso estar disposto a, pelo menos algum dia, casar. Para sobreviver num relacionamento com uma lésbica deste signo é necessário ter honestidade de sentimentos e muito jogo de cintura com o pique maternal-possessivo dela.

Grande ponto forte

Lésbicas e gays nascidos com Sol em Câncer são extremamente sensíveis e humanizam qualquer relação em que estejam envolvidos, seja ela romântica ou meramente profissional. Muito intuitivos, se dão bem nas áreas da vida que contêm um certo mistério, como a mediunidade, os mercados financeiros, a medicina... Quem sabe não será uma lésbica canceriana a nos tirar das eternas crises econômicas?

Desafio a superar

Cancerianos vêm ao mundo para acrescentar a sua intuição à nossa cultura excessivamente racional. Antes, porém, precisam vencer sua insegurança e confiar no valor de suas qualidades, mesmo que fora de moda. Precisam também encontrar seu centro de tranqüilidade, para não se deixarem levar tanto pelas variações de humor e fragilidade emocional.

DOUTORA MARIA! EU SEI QUE A SRA. É TÍMIDA, MAS COM SACO NA CABEÇA NÃO DÁ!!!
PALESTRA GLS
com Prof.ª Dr.ª MARIA

Leão
24 de julho a 23 de agosto

Símbolo

Leão é o quinto signo na roda do zodíaco e o segundo do elemento fogo. Como o animal que o representa, aqui está o rei da floresta, centro natural de todos os cenários que habita. Regido pelo Sol, este é o signo das qualidades luminosas, do brilho dourado que vem direto do coração. Fixo, tem o poder de realizar e construir. Seu metal é o ouro, suas cores, o amarelo e o laranja, seu espírito, o de auto-afirmação através da vontade.

Físico

Gays e lésbicas leoninos lembram um pouco o gatão ao, em geral, apresentar cabelos fartos como a juba em volta do rosto, face aquadradada que cai especialmente bem para os gays, por lhes conferir um queixo muito masculino, e peito volumoso. O que realmente distingue os nascidos com Sol em Leão, no entanto, é a pose. Portam-se com a dignidade e confiança de reis e rainhas, aceitando com a maior naturalidade sentar-se no trono no meio do salão para receber a adoração dos súditos. Seu ponto fraco no corpo é o coração, do qual costumam abusar com gangorras feéricas de emoção e por se preocuparem muito com as aparências, sacrificando sua saúde para manter uma fachada de nobreza.

Na vida

Você com certeza já conhece as características de Leão porque os gays e lésbicas deste signo fazem questão de se fazer presentes, não há como ignorá-los. Toda a timidez de Câncer cede ao amor pelas luzes em Leão, aos seus gestos grandes e dramáticos. Sabe aquele gay que vende a casa para equipar seu salão de beleza com instrumentos filigranados a ouro? Leãozinho.

Sabe aquela lésbica que compra metade do supermercado porque vai receber a visita de uma amiga da namorada? Leoazinha. Eles são generosos, quentes e sempre audaciosos. Nada de bom senso e cautela com estes seres, mas também nada de tédio ou mesquinhez. E se nem sempre conseguem todo o sucesso que confiantemente esperam, a maior parte das vezes conquistam o coração das pessoas com seu brilho.

Resolvendo problemas

Gays e lésbicas de Leão não acreditam nadinha em moderação, preferindo expandir uma loja de roupas em dificuldade a despedir funcionários para diminuir despesas. Ao mesmo tempo são de um signo fixo, o que garante muita solidez e chance de sucesso aos seus planos grandiosos. Em geral sua situação bancária é extrema, sendo ou amados pelo gerente de sua agência pela quantidade de aplicações que fazem ou perseguidos por dez cartões de crédito diferentes. Sempre acham, no entanto, que vão resolver as coisas com sua capacidade superior de trabalho. Alexandre, o Grande, foi um gay leonino que saiu dos cafundós da Macedônia para conquistar metade do mundo antigo. Obteve o respeito de seus soldados com sua coragem absoluta na linha de frente, e o dos vencidos pela sua maneira justa de governar. Era seu o lema de Aquiles: mil vezes uma vida curta e cheia de glória a uma vida longa na obscuridade.

Combatendo preconceitos

Como você pode imaginar, gays e lésbicas de Leão não têm a menor paciência com preconceitos – a não ser os seus próprios! Uma vez que se acham o centro das coisas, não admitem críticas à sua sexualidade e se dão todo o direito de fazer o que bem entendem, desde que com estilo. São capazes de comprar uma briga feroz com autoridades de direita para proteger, por exemplo, os travestis que a eles recorrerem, porque tomam como parte de seu dever de realeza a defesa dos mais fracos. Gostam muito de mandar e têm grande talento para estratégias audaciosas, representando ótimos generais e generalas na luta pelos direitos das minorias. Por outro lado, humildade não é o forte desses gays e lésbicas, que se ressentem um pouco de democracia em excesso...

Família

Leõezinhos costumam proteger com garras e dentes seus familiares, sejam eles pais, filhos, agregados ou parentes. Sua generosidade natural faz com que assumam as contas mais variadas, desde a prestação da casa até o balé do irmão mais novo (gays e lésbicas de Leão são grandes patronos das artes). Assumir sua homossexualidade perante a família não passa pela falta de coragem dos leões – eles a têm de sobra – mas pelo seu senso de dignidade. Se os próximos ao gay ou à lésbica de Leão forem compreensivos, eles se abrirão com facilidade. Se tratarem os homossexuais em geral com desprezo, os leõezinhos terão de aceitar sua sexualidade como boa dentro de si mesmos antes de admiti-la publicamente. Isto é uma tarefa mais difícil do que para alguns outros signos devido ao horror que os nativos de Leão sentem com coisas tidas como baixas, o que infelizmente é como muitas pessoas ignorantes e preconceituosas encaram as minorias sexuais.

Amigos

Gays e lésbicas com Sol em Leão adoram abrir a carteira para comprar presentes extravagantes e pagar jantares em lugares vistosos para os amigos. Andam com uma corte de seguidores fiéis para lá e para cá, entrando em grande estilo em festas da moda e boates finas para serem vistos. Leõezinhos são ótimos amigos, que não abandonam ninguém em dificuldade. Por outro lado, gostam de ser bajulados e admirados, dando preferência a quem ouve com atenção os relatos de suas façanhas e joga purpurina no seu manto real.

Amores

Nativos de Leão são magnéticos, atraindo muitos/as amantes com sua vitalidade animal. Preferem, no entanto, relacionamentos estáveis, abrindo seu coração generoso por toda a vida a quem os conquistar. Leõezinhos gostam das pessoas de quem sentem orgulho e que os acompanham em suas aventuras. Se você se apaixonou por uma lésbica leonina, prepare-se para ir com ela caso consiga uma bolsa de estudos na França – ela vai querer o seu apoio lá. Se o seu amor é de Leão, ponha em dia o seu gosto em gravatas, ele odeia quem não tem estilo ou chama mais atenção do que ele mesmo... E não se deixe enganar por aquela aura de autoconfiança: leõezinhos precisam de carinho e apoio constantes, pois seu ego se fere com facilidade.

Cama

Gays e lésbicas com Sol em Leão são amantes calorosos, que gostam muito de sexo mas se afastam do que possam entender como marginal ou esquisito. Têm grande prazer em fazer as coisas em grande estilo, sendo daqueles que surpreendem com uma lua-de-mel a bordo de um cruzeiro gay pelas Bahamas, regado a champanhe. As lésbicas são românticas e galanteadoras, adorando mostrar com presentes quem é a dona de seu coração. Os gays dão o bote com elegância felina, mas não toleram quem não lhes seja fiel. Nunca, nunca humilhe o nativo desse signo com cenas em público ou ataques à sua imagem: você estará criando um inimigo feroz.

Grande ponto forte

Gays e lésbicas com Sol em Leão têm a coragem e a força para construir onde corações mais fracos hesitam, dando seu apoio generoso a quem precisa. Ousados, de visão larga e generosos, são grandes publicitários, artistas, chefes, pessoas de negócios.

Desafio a superar

Leõezinhos se sentem insignificantes, daí sua vontade de se provarem por meio de grandes feitos. Seu desafio é aceitarem seu próprio valor, seja ele reconhecido ou não pelas pessoas à sua volta, e guiarem-se pelo Sol de sua própria individualidade sem perder tanto de sua energia perseguindo o brilho das coisas do mundo.

Virgem
24 de agosto a 23 de setembro

Símbolo

O sexto signo do zodíaco costuma provocar piadas em nosso meio machista, já que é representado por uma mulher jovem vestida com as roupas brancas da pureza. Isto não significa que os gays e as lésbicas nascidos com Sol em Virgem deixem de praticar sexo – afinal, são do elemento terra –, mas que desejam a perfeição nas relações. São pessoas regidas por Mercúrio, o deus da comunicação, que aqui desce à terra para observar as minúcias do dia-a-dia. Somando-se esta inteligência analítica à mutabilidade de Virgem, temos seres que desejam servir aos outros de maneira crítica e correta. Suas cores são os beges e marrons da terra, seu metal, o níquel, seu espírito, o de analisar o que está a seu redor.

Físico

Gays e lésbicas de Virgem têm sempre alguma coisa de Mercúrio em si, como o hábito de falar muito e pensar rápido. No entanto, por serem de terra, toda aquela inquietude característica dos geminianos – com quem dividem seu planeta regente – aqui vira meticulosidade e vontade de trabalhar. Você reconhece uma lésbica de Virgem pelas unhas imaculadas, a roupa sempre passada, o cabelo penteado mesmo num vendaval. Gays virginianos conseguem sair de uma viagem de ônibus de 36 horas com o mesmo ar arrumado com que entraram, devendo ser a inspiração para os atores de Hollywood que matam dez assassinos sem sujar a camisa branca. Seu ponto fraco no corpo é o intestino, o que reflete a dificuldade que sentem em eliminar encrencas de sua vida em geral.

Na vida

Virginianos são gays e lésbicas que enganam, parecendo ser muito mais mentais do que de fato são. Sua inteligência é legítima, assim como sua capacidade de analisar detalhes com microscópio eletrônico. Provocam pesadelos como fiscais e investigadores, já que não deixam escapar nada. No entanto, por baixo dessa frieza observadora bate um coração que busca a pureza e nasce acreditando que ela existe nesse mundo – em algum lugar. São ainda pessoas modestas e sensíveis, que não hesitam em colocar sua imensa capacidade a serviço do que acreditam ser útil às pessoas.

Resolvendo problemas

Gays e lésbicas de Virgem são práticos, detestando perder tempo com coisas vagas ou delirantes. Classificam suas tarefas de maneira precisa e as cumprem com o mínimo de estardalhaço, compensando os excessos de marketing pessoal de Leão. Preocupam-se muito com a saúde dos outros, tendo em geral um armário de banheiro equipado para as emergências de um exército inteiro. Você consegue a ajuda de um gay com Sol em Virgem quando lhe conta, por exemplo, que quebrou a perna: ele arruma a sua casa, traz o telefone para perto da sua cama, organiza refeições balanceadas e faz uma visita todos os dias, no mesmo horário, para ver de que você precisa. Se você, no entanto, insiste em patinar de novo assim que tira o gesso, pode ter certeza de que vai ouvir um sermão bem sarcástico.

Combatendo preconceitos

Virginianos acreditam em mudar o mundo, contanto que de maneira *organizada*. Gays e lésbicas deste signo costumam considerar os preconceitos algo inútil e prejudicial às pessoas, depois de analisar os efeitos que produzem em suas vidas. No entanto, antes de se atirarem em cruzadas idealistas, avaliam cuidadosamente suas chances de sucesso e o currículo dos cavaleiros de armadura brilhante que vão na frente. Se lhes parece que se trata de um movimento correto e bem fundamentado, colaboram com sua inteligência precisa e capacidade de comunicação sem esperar retribuições. Se percebem áreas sombreadas, no entanto, retiram-se com comentários ácidos que perfuram o centro exato do alvo.

Família

Como todo signo de terra, lésbicas e gays com Sol em Virgem são muito ligados à família. Seu espírito crítico, ainda assim, não lhes permite colocar o sangue acima das bobagens. Uma virginiana irá analisar os defeitos de seu pai com a mesma argúcia com que enfileira os da namorada, para desconforto de todos na ceia de Natal. Gays de Virgem ajudam a mãe com a limpeza da casa – e a organização dos livros na estante por ordem alfabética do autor – mas não têm muita paciência se ela fica reclamando da vida sem fazer nada. Sua sensibilidade faz com que precisem de muito mais amor do que demonstram, sendo a maioria carente porque se esconde atrás de comentários espertos.

Amigos

Gays e lésbicas de Virgem são amigos um tanto reservados em suas demonstrações de afeto, mas que não esquecem jamais aquela ajuda que você lhes deu há dez anos. Donos de uma língua ferina, colocam as fofocas em dia de maneira muito sintética mas não têm o hábito de falar pelas costas: criticam você na sua frente mesmo. São prestativos e eficientes com quem precisa, topando até fazer sua declaração de imposto de renda. Mas não telefone para pedir ajuda contra a enésima ressaca do mês...

Amores

Virginianos são críticos: numa olhadinha medem muito mais do que você imagina. Para agradar a um gay de Virgem, você precisa chegar perto do ideal de cavaleiro andante que ele imagina precisar, ou ele se retrairá todo em sua concha. Uma lésbica desse signo raramente perdoa que a namorada paquere outras numa festa, nem demonstra senso de humor com piadinhas vulgares. Debaixo da casca espinhuda, é bom lembrar, tem um ser em busca do amor eterno e plenamente disposto a dar tudo o que espera receber. Tente conversar sobre essas expectativas mais secretas e você descobrirá alguém sensível e muito carinhoso.

Cama

Apesar do nome do signo, gays e lésbicas de Virgem transam! Só que com um certo retraimento, considerando esta uma parte de suas vidas que não deve ser discutida em público ou se misturar a outras coisas. Gays virginianos são um tanto avessos a sexo por sexo ou a amizades coloridas, preferindo conhecer bem os homens com quem finalmente se envolvem. Lésbicas de Virgem fazem também certo charminho antes de ir para a cama, estudando os antecedentes da candidata a namorada até pelo menos cinco anos passados. Sua atração costuma ser mais por caráter e sensibilidade e menos por beleza ou charme. Uma vez na cama, virgenzinhos se mostram bem calorosos e muito capazes de dar prazer.

Grande ponto forte

Gays e lésbicas com Sol em Virgem nascem com a capacidade de distinguir tudo com clareza e separar o joio do trigo, dispondo-se a ajudar os outros nos emaranhados da vida. São dedicados enfermeiros, paisagistas, analistas, artesãos.

Desafio a superar

A mesma intensidade crítica que lésbicas e gays de Virgem utilizam para as pessoas à sua volta eles empregam em si mesmos, muitas vezes paralisando-se de medo de não serem perfeitos. Precisam portanto soltar-se desse monstro crítico interior e aceitar-se como os seres humanos úteis e limitados que de fato são.

Libra
24 de setembro a 23 de outubro

Símbolo

O sétimo signo da roda zodiacal apresenta uma série de peculiaridades. Primeira, é o único a ter como símbolo um objeto inanimado, a balança, que representa a sua busca pelo equilíbrio. Segunda, é um signo cardinal (leia-se que gosta de comandar) do elemento ar (entenda-se mental e masculino) regido por Vênus, a deusa do amor e da gentileza. Gays e lésbicas de Libra passam portanto a vida tentando ser chefes gentis, amantes que pensam, intelectuais que amam, homens delicados e mulheres atuantes. Suas cores são os azuis esverdeados e os tons pastéis, seu metal, o bronze, seu espírito, o da busca da harmonia.

Físico

Gays e lésbicas nativos de Libra costumam ser, como os taurinos, abençoados pela beleza de seu regente Vênus, que lhes dá no mínimo feições harmoniosas. Os homens com freqüência têm ombros largos e cintura estreita, as mulheres, as belas curvas da deusa do amor, ambos no entanto com uma certa tendência a covinhas e a arredondar demais. É difícil encontrar um gay ou uma lésbica de balança que não exiba o sorriso charmoso que é marca registrada do signo. Seu ponto fraco no corpo são os rins, órgãos essenciais para o equilíbrio dos sais e liberação das toxinas do organismo. Librianos precisam tomar muita água e tentar não se deixar dominar pelo estresse de querer equilibrar nosso mundo inteiro.

Na vida

Lésbicas e gays com Sol em Libra já nascem com talento para a diplomacia. Gentis e educados, conseguem perceber sempre os dois (ou mais) lados de uma questão, esforçando-se por explicar os benefícios de uma dieta vegetariana a um açougueiro e por que a criação de bovinos é importante à economia para uma macrobiótica. Isso não quer dizer que não tenham opinião! Simplesmente são hábeis em perceber posições diferentes e acreditam que a harmonia entre as pessoas é mais importante do que qualquer dogma.

Resolvendo problemas

A lésbica de Libra vai usar primeiro o sorriso pasta de dente, voz modulada e olhos nos olhos para tentar convencer uma banca de professores caquéticos de que ela dará uma ótima pesquisadora em Marte. Se o seu charme falhar, entrará com a lógica fria de seu signo mental e o aço do seu idealismo até embarcar para o planeta vermelho: quando librazinhos decidem alguma coisa, é para valer! Mas para chegar lá, passam por algumas etapas a mais que nativos de outros signos. A capacidade de pesar os prós e contras das situações torna os gays e as lésbicas de balança muito mais demorados em suas decisões, de onde a sua fama de indecisos.

Combatendo preconceitos

Como todo signo mental, librianos são avessos a preconceitos, dedicando-se a fazer com que facções inimigas conversem e cheguem a um acordo onde quer que estejam. Por serem gregários, muitos gays e lésbicas com Sol em Libra freqüentam grupos e movimentos de luta pelos direitos das minorias sexuais, contribuindo com sua inteligência e modos apaziguadores para fazer as coisas andarem. Brilham de verdade, no entanto, em festas e eventos sociais, ao encantar gregos e baianos com sua conversa informada e elegante.

Família

Librazinhos costumam ser crianças exemplares, que tocam piano e cumprimentam educadamente as visitas, até a adolescência, quando horrorizam a família com perguntas embaraçosas sobre a sua sexualidade. Procuram ajuda nos livros e nas teorias mas não hesitam em partir para a prática, testando sua sedução sobre o sexo oposto e o próprio para ponderar as diferenças. O gay de Libra sempre tenta ficar de bem com a tia Dalva, sorrindo e apresentando o namorado como "amigo" para não chocá-la. Quando decide se casar com ele, no entanto, nem a ameaça de ser deserdado impede a união feliz.

Amigos

Lésbicas e gays nativos de Libra têm um largo círculo de amizades, correspondente aos seus muitos interesses intelectuais e rodas de convívio. São amigos animados e corretos, sempre preocupados em dar tanto quanto recebem em atenção e carinho. Seu espírito de imparcialidade, porém, às vezes provoca decepções: sua amiga libriana vai ouvir a história de como a Sueli flagrou você em amassos com a Regina e não necessariamente dar razão a você, apesar da sua amizade de anos com ela. Vai pesar a situação como se fosse uma juíza e ver o lado da Sueli, que ela mal conhece, tanto quanto o seu! Por outro lado, quando você quiser fazer as pazes e voltar para a sua companheira, pode contar com 100% de ajuda de sua amiga libriana.

Cama

Librazinhos são muito sedutores, tendo o hábito de atender as preferências da pessoa com quem dividem a cama. Tanto gays como lésbicas possuem uma delicadeza natural, decorrente de sempre tentarem equilibrar o que desejam com o que é deles desejado. Apesar de aproveitarem muito o prazer, sexo para nativos de Libra é um fortalecimento da ligação entre dois homens ou duas mulheres, e não um fim em si. Leia portanto poesia romântica de boa qualidade para encantar esses idealistas antes de partir para a pegação mais explícita.

Amores

Librianos, além de serem regidos pela deusa do amor, têm o signo correspondente à sétima casa do zodíaco, a do casamento e das relações. Isto significa que gays e lésbicas com Sol em Libra são em geral obcecados por casamento e infelizes se obrigados a passar muito tempo sem um grande amor em suas vidas. Sua atenção pelas opiniões e os desejos alheios os torna parceiros compreensíveis, e seu idealismo faz com que invistam muita energia para manter uma relação. Trata-se, ainda assim, de uma cabecinha racional: se você acha que, porque ela lhe sorri charmosa, vai perdoar os seus discursos racistas nas mesas de bar, tome cuidado. Ela pode largar você por uma questão de princípios...

Grande ponto forte

Librazinhos vêm ao mundo para colocar harmonia e justiça nas relações, sendo capazes de fazer com que os inimigos mais ferrenhos sentem-se para uma conversa civilizada (ou que pelo menos não se matem imediatamente). São ótimos advogados, diplomatas, decoradores e negociadores.

Desafio a superar

Gays e lésbicas de Libra são excessivamente preocupados com os outros, tendo dificuldade em colocar os seus próprios desejos na balança, ainda mais quando sentem que aquilo que desejam não corresponde ao ambiente à volta. O seu grande desafio é equilibrar as necessidades do mundo interior com as que tão bem percebem do mundo exterior.

Escorpião
24 de outubro a 22 de novembro

Símbolo

Escorpião é tão diferente que, em vez de um animal só, tem três como símbolos: o bicho de seu nome, a águia e a fênix, aquela ave mitológica que renasce das próprias cinzas. Por aí já dá para imaginar o pique dos gays e lésbicas com Sol nesse signo: eles podem ser rasteiros e perigosos como o escorpião, podem voar nas alturas dos ideais como a águia ou transformar-se completamente – de corpo e alma – como a fênix. Trata-se de um signo de água, ou seja, em contato com as forças do inconsciente e das emoções, e fixo, quer dizer, de (muito) poder. Seu planeta regente é Plutão, o senhor dos infernos e do renascimento, juntamente com Marte, o deus da guerra, e sua casa é a oitava, da morte e do sexo. Suas cores são portanto um total contraste: o vermelho-sangue, o preto e o branco! Seu metal é o aço, seu espírito, o do desejo.

Físico

Escorpiõezinhos têm algumas características marcantes: olhos magnéticos, que quase sempre escondem atrás de óculos escuros, ombros grandes em relação ao resto do corpo, e muita, mas muita mesmo, vontade de sexo. Sabe aquele gay que não cansa mesmo depois de doze horas de ação? Escorpião. Sabe a lésbica que não acha o dia completo se não termina em transa? Idem. Apesar de tanta atividade, os órgão sexuais são seu ponto fraco, exigindo que tomem cuidado com eles. Você distingue gays e lésbicas desse signo também pela atitude totalmente séria e *inteeeensa* com que eles encaram a vida.

Na vida

Gays e lésbicas nascidos em Escorpião em geral vêem tudo como questão de vida ou morte, demonstrando pouco senso de humor para os absurdos do dia-a-dia no Brasil (que, aliás, é um país escorpiano devido à data de proclamação da República).

Apesar disso, são muito bem equipados para conseguir o que desejam, já que este é o signo dos magos e das bruxas poderosas. Para o seu próprio bem, não tente engambelar alguém de Escorpião: eles têm visão de raio-X para o podre nas coisas e o mau hábito de se vingar... Não parece mas escorpiõezinhos, mesmo os mais soturnos, são incrivelmente sensíveis e se ferem com facilidade – sem nunca demonstrar, claro. Trate bem desses gays e lésbicas e terá amigos (e amantes) muito fiéis.

Resolvendo problemas

O Sol em Escorpião confere aos seus nativos uma antena muito sensível para o que realmente motiva as pessoas, com a conseqüência de serem capazes de conduzir (ou manipular) com eficiência quem está em volta. Gays e lésbicas escorpianos gostam do poder mas não de aparecer, preferindo resolver as coisas da obscuridade. São capazes de tudo o que quiserem, sendo o seu maior (ou talvez único) obstáculo suas próprias paixões e medos. Lésbicas e gays desse signo levam suas emoções ao extremo, muitas vezes ferindo a si próprios com um ciúme para lá de desvairado ou uma desconfiança existencial de tudo e todos.

Família

Para escorpiõezinhos, o sexo é tão básico quanto o ar que respiramos, daí terem que resolver cedo na vida de que maneira vão encarar sua homossexualidade – que pode ser do automartírio religioso aos encontros anônimos toda noite. De qualquer maneira, vão sempre preferir não contar muita coisa, mesmo porque estes gays e lésbicas são capazes de fazer mistério até que ganharam na loteria para o pai e a mãe! As crianças desse signo são para lá de sensíveis às demonstrações de afeto de sua família, podendo desenvolver um grande amor pelos outros se amadas, ou uma total desconfiança se maltratadas.

Combatendo preconceitos

O equilíbrio entre sensibilidade e poder que escorpianos precisam encontrar não é fácil, e os gays e as lésbicas desse signo em geral sofrem com o preconceito que sentem nas pessoas para com a orientação de seu desejo. Com Escorpião, no entanto, não dá para dizer de que jeito vão resolver as coisas. Podem retrair-se em amargura como o escorpião, tornar-se gurus da nova era como a águia ou eleger-se presidentas/es da República como a fênix, pois aí quem é que vai ter coragem de criticar a/o *big boss*? De qualquer maneira, se algum gay ou alguma lésbica desse signo botar na cabeça que está na hora de acabar com o preconceito contra minorias sexuais, a sociedade inteirinha vai acabar mudando.

Amores

Gays e lésbicas de Escorpião amam desde as profundezas – e se consideram os donos até da alma de seus amores. Uma escorpiana quer saber o que a namorada está pensando, sentindo, sonhando, lembrando, rabiscando, o que fez entre as duas e as três da tarde de ontem (quando ela ligou e a secretária eletrônica atendeu) etc. etc. (o etc. pode incluir ela colocar uma escuta no telefone da namorada). Mas você pode ter certeza de que ela faz isso porque se sente quase despedaçada pela força de seus sentimentos, e só está querendo se resguardar de você lhe dar um tchau sem aviso prévio.

Amigos

Como não existem escorpiõezinhos em versão *light*, eles tampouco têm amigos assim. Para gays e lésbicas desse signo, ou você faz um pacto de sangue para a vida inteira ou é um mero conhecido... Isso significa amizades intensas, de longos telefonemas todos os dias sobre cada detalhe do que o namorado ou a namorada fez. Prepare-se também para um ciúme feroz: se o Rafael acha que você é amigo *dele,* não tente sair com o Carlinhos sem convidá-lo, nem deixe de ir à sua casa para viajar com o Leonel. Jogo de cintura não é o forte de escorpianos, que se ofendem com facilidade e podem largar você de repente pelo que você acharia uma besteirinha.

Cama

Escorpianos são os campeões olímpicos do sexo, fazendo coisas que a gente suspeita estar quebrando algum recorde mundial. Os gays e as lésbicas desse signo topam tudo, têm uma fantasia louca, já experimentaram horrores e querem provar muito mais. Para interessar um gay de Escorpião, nem pense em uma rapidinha e depois cair dormindo. Ponha seus rituais em dia e dedique-se a descobrir sensações fortes. Uma lésbica desse signo concorda até em ir para a cama (ou o porão) em grupo, mas cuidado para não despertar a sua insegurança. Se ela achar que você gostou mais de uma convidada, pode colocar veneno na cerveja dela...

Grande ponto forte

Gays e lésbicas de Escorpião têm acesso a grandes poderes, a capacidade de desvendar os mais obscuros mistérios e podem realizar tudo o que tomar conta de seu desejo, incluindo transformar o mundo. São grandes revolucionários, médicos, magos, policiais, psicanalistas.

Desafio a superar

Escorpianinhos são inseguros e muitas vezes usam seu poder para se defender de ataques que não existem, machucando os outros e a si próprios. Seu desafio é confiar o suficiente para abrir a couraça e expressar suas paixões de maneira criativa e sensível.

Sagitário
23 de novembro a 21 de dezembro

Símbolo

O nono signo do zodíaco é simbolizado por um centauro (metade cavalo, metade homem) apontando um arco-e-flecha para o alto. Essa figura passa a idéia da força instintiva do cavalo dominada pelos sentimentos mais finos e a cabeça pensante do homem. Sagitarianinhos precisam então ter algum objetivo na mira do seu arco, de preferência lá no alto dos céus do idealismo, para saírem do lugar de maneira organizada. Seu planeta regente é Júpiter, o maior do sistema solar e o deus-chefe do Olimpo na mitologia greco-romana, o que dá aos gays e lésbicas centauros um pique de fazer tudo grande. Sagitário tem o entusiasmo do fogo e a disposição para a comunicação dos signos mutáveis. Sua cor é o azul-escuro, seu metal, o latão, seu espírito, o do aprendizado.

Físico

Gays e lésbicas com Sol em Sagitário costumam ter a testa alta, o sorriso dentuço, as coxas musculosas e a falta de jeito de um cavalo dentro de casa... São seres que falam e riem alto, comem e bebem além da conta – tendendo a pesar um tanto a mais do que hoje é considerado elegante –, animando qualquer espaço em que se encontrem com sua energia infindável. Seu ponto fraco é o fígado, do qual centaurinhos costumam abusar com tudo que é substância.

Na vida

Gays e lésbicas de Sagitário são pessoas muito curiosas, interessando-se pela vida de todo mundo, inclusive dos povos distantes e das civilizações desaparecidas. Como o cavalo, gostam de espaço para correr, podendo tornar-se tristes ou muito sarcásticos se alguém tenta prendê-los. São estudiosos inatos, além de grandes viajantes. Amam ir atrás do que é diferente e certamente estarão nas primeiras naves estelares lançadas para Alfa Centauro. Em geral matam todo mundo de inveja pelo otimismo com que encaram a vida, acreditando firmemente que o destino trará soluções para tudo. E não é que têm mesmo uma sorte inacreditável?

Resolvendo problemas

Sagitarianinhos acreditam no estudo. Quando deparam com um problema, costumam consultar os mais sábios, seja na forma de professores, seja na forma de livros e pesquisas. Adaptam-se facilmente a ambientes esdrúxulos, mantendo a jovialidade de quem percebe que o mundo é grande e os limites de hoje vão sumir amanhã. Têm um coração de ouro, mas falam com franqueza excessiva. Um gay sagitariano é capaz de contar uma piada sobre o namorado do amigo enrustido a seu chefe homofóbico e rir com o maior bom humor... Mesmo assim, os amigões costumam perdoá-lo pela absoluta inocência com que comete gafes.

Combatendo preconceitos

Lésbicas e gays com Sol em Sagitário não conseguem disfarçar sua orientação sexual porque, sendo do signo mais expansivo do zodíaco, sutileza e subterfúgios não são o seu forte. O amor que sentem pela liberdade faz com que não aceitem proibições estúpidas (ou seja, todas), e o conhecimento que inevitavelmente adquirem com estudos os leva a combater preconceitos de maneira informada e inteligente. O lado hipersocial dos sagitarianinhos – não existe festa sem eles – faz com que se metam em todo tipo de movimento com entusiasmo e energia, de preferência empunhando bandeiras enormes do arco-íris enquanto desfilam pela avenida num carro alegórico laranja.

Família

Crianças de Sagitário são serezinhos bem-humorados e curiosos, que parecem não calar a boca nunca. Quando crescem e descobrem sua sexualidade de minoria, quase sempre acabam contando para todo mundo, já que não conseguem esconder a quem estão namorando. Apesar de serem mais ou menos obedientes e não guardarem rancor, dão belos coices em quem tenta amarrá-los em casa. Mesmo os nascidos nas famílias mais estreitas têm sede do diferente, dando um jeito de escapar para Xangai e experimentar o jeito como os chineses transam...

Amigos

Gays e lésbicas de Sagitário habitualmente têm uma agenda de amigos que mais parece a lista telefônica. Não só não têm preconceito quanto a minorias sexuais como gostam de velhos, índios, pessoas esquisitas, estrangeiros, bebês, bichos, árvores e muito mais. Festeiros até a alma, topam cair na estrada às duas da manhã para visitar a amiga de outra cidade que adotou um mico-leão-dourado. Dispõem-se a ajudar quem precisa com generosidade, mas expressam suas opiniões com a maior sinceridade, não segurando a língua para dizer que a sua nova namorada está lhe fazendo mal ou o quanto você engordou...

Amores

Sagitarianos são gays e lésbicas de fogo, portanto entusiasmados em experimentar amores quase como os muitos sabores de um deliciosos sorvete. Adoram a vida e as pessoas, e se apaixonam com facilidade. Mas, ao primeiro sinal de rotina e de que há rédeas na sua boca, escoiceiam furiosos e galopam para outras pradarias... Para manter uma lésbica de Sagitário por mais que alguns meses, você precisa lhe dar espaço para viajar sozinha e ter amigos só dela. Para que um gay permaneça numa relação a longo prazo, muito provavelmente você terá que negociar um relacionamento aberto.

Cama

O planeta regente Júpiter faz dos gays e lésbicas de Sagitário uma gente bem disposta a fazer sexo, sem frescuras de experimentar o que der vontade. Desencanados sobre o que os outros pensam, costumam ter uma vida sexual variada e bem agitadinha, com pessoas de todos os níveis sociais. Não são lá muito delicados, mas prestam atenção aos gostos de seus parceiros e não escondem os truques que já aprenderam. Tanto as lésbicas quanto os gays provam bastante do sexo hetero antes de bandearem para o homo, podendo dizer com certeza que sabem do que gostam.

Grande ponto forte

Sagitarianos acreditam que o universo é grande e generoso, e que todos merecem ser felizes. Assim, atraem sempre coisas positivas e provocam profundas mudanças para melhor ao seu redor. São excelentes professores, viajantes, pesquisadores, juízes.

Desafio a superar

Gays e lésbicas de Sagitário entusiasmam-se com facilidade, podendo ser levados de uma coisa a outra como uma folha ao vento. Seu desafio é fincar a sua grandeza interior à terra e às coisas práticas, para irem conquistando aos poucos o ideal para o qual apontam seu arco-e-flecha de poder.

Capricórnio
22 de dezembro a 20 de janeiro

Símbolo

O símbolo do décimo signo é uma cabra, que significa a capacidade de subir por onde ninguém imaginava que havia caminhos, às vezes aparecendo com rabo de peixe, porque esse signo de terra é muito ligado à intuição da água. Sua posição natural na roda do zodíaco é a casa do poder e da fama, que acontecem aos gays e lésbicas capricornianos com uma certa freqüência. Regido por Saturno, um planetão lento representado por Cronos, o deus do tempo e antigo manda-chuva dos deuses gregos, esse signo tem uma reputação de difícil devido às interpretações tradicionais, que viam Saturno como negativo. Não é. Ele se parece mais com uma forja que faz as pessoas resistentes depois de as submeter a algumas dificuldades. Capricórnio é um signo cardinal, ou seja, mandão teimoso, suas cores são o marrom-escuro e o cinza, seu espírito, o de fazer uso das coisas.

Físico

Capricornianos costumam ser altos e magros, de pernas finas e resistentes como a cabrinha que os simboliza. No entanto, mais que qualquer outro signo, os gays e as lésbicas de Capricórnio são pessoas que vão se construindo ao longo da vida nessa terra, sendo sua aparência em geral resultado do que buscam com sua poderosa força de vontade. Assim, aquele menino raquítico que resolveu virar Mr. Universo e aquela menina espinhuda que não descansou enquanto não foi considerada a mulher mais sensual do planeta são típicos capricorniozinhos. Quase todos eles se depuram com a idade, tornando-se velhinhos marcantes e hipersacudidos. Seu ponto fraco são os joelhos e as juntas, que podem enrijecer como as opiniões dos capricornianos se não fizerem exercícios para que fiquem flexíveis.

Na vida

Gays e lésbicas de Capricórnio são cautelosos por natureza, dando um passinho de cada vez. Mas como bons bodes e cabras, vão sempre para o alto, em busca do objetivo que enxergam lá no topo da montanha. Sua posição mais freqüente na ordem social é portanto no poder ou a caminho dele. É raro o capricorniano que não chega à velhice bem mais rico do que na juventude, cheio de prédios inteiros de apartamentos de que eles reclamam ter de pagar tanto imposto. Parecem possuir uma ampulheta esculpida no cérebro, conseguindo planejar magnificamente a longo prazo. Por outro lado, tanto as lésbicas quanto os gays desse signo são bem tradicionaizinhos, dados a começar frases com "no meu tempo..."

Combatendo preconceitos

Gays e lésbicas de Capricórnio são pessoas focadas, que concentram suas energias no que acreditam importante. Quando uma lésbica desse signo resolve que combater preconceitos é parte do trabalho de sua vida, é perfeitamente capaz de estudar direito na melhor faculdade, prestar concurso como juíza e decidir que vai ser parte do Supremo Tribunal para fazer melhores jurisprudências, por exemplo. E ninguém vai poder chamar a moça de festeira, porque com toda a certeza ela vai ser a juíza mais estudada do país. Por outro lado, capricornianos prestam atenção às tradições e sabem que o mundo não se transforma em um dia, e assim preferem abordagens menos vistosas mas com maiores chances a longo prazo.

Resolvendo problemas

Cabrinhas resolvem as coisas de maneira organizada, primeiro avaliando, depois planejando e só aí partindo para a ação ao longo de anos. Não há problema que resista a um ataque tão metódico. Gays e lésbicas de Capricórnio repartem com os sagitarianos o respeito pelos estudos e o amor por colecionar diplomas importantes, que exibem com orgulho (modéstia em excesso não é de seus pontos fracos...). Não têm medo de trabalhar longas horas enquanto os outros saem para a farra, como tampouco hesitam em usar os cargos de poder que conseguem, mas sempre de acordo com as normas rígidas que adotam para a vida. Só não são de decisões rápidas ou impulsivas, sentindo-se muitas vezes estressados pelo ritmo das grandes cidades.

Família

Capricorniozinhos parecem já nascer com o sentimento de que serão chefes um dia, sendo crianças que respeitam apenas a verdadeira autoridade de quem sabe mais. Quando se descobrem parte de minorias sexuais, sofrem por romper com as tradições da família mas têm força para buscar seu próprio caminho, já que se sentem capazes de decidir sozinhos o que lhes faz bem. A teimosia e a rigidez natural desses gays e lésbicas pode criar situações de "vai ou racha" na juventude, sendo muitos os que rompem com os pais por não se sentirem aceitos. Sempre é melhor que consigam restabelecer essas relações, já que o pai e a mãe são figuras especialmente importantes para o espírito ordeiro dos capricornianos.

Amigos

Capricórnio faz dos gays e lésbicas seus nativos pessoas muito fiéis, que têm amigos pela vida inteira. Apesar de um tanto secos e contidos, são o que há de mais confiável na terra: se vocês passaram a infância juntos, um gay capricorniano é capaz de hospedar você por meses inteiros, emprestar dinheiro, pagar suas dívidas e até adotar seu cachorro. Mas não imagine que ele vá se esquecer disso: cabrinhas sabem o valor das coisas e acreditam em receber favores de volta...

Amores

O amor para um gay ou uma lésbica de Capricórnio é como um ipê: só nasce de semente (ou seja, não há como abreviar o processo), precisa de muitos cuidados no começo e cresce de maneira muito lenta. Com o passar do tempo, no entanto, essa árvore se torna a mais florida da paisagem e não pára nunca de crescer. Assim, não espere que cabrinhas se atirem em romances arrebatados ou façam juras de amor no segundo encontro. Mas pode confiar que, se vocês se casarem, a relação será sólida e de flores cada vez mais lindas.

Cama

Capricornianos são de terra, o elemento que confere uma grande queda pelos prazeres dos sentidos, seja comida saborosa, boas bebidas, seja sexo bem feito. Sempre metódicos, se cabrinhas resolverem seguir o *Kama sutra gay*, vão começar da página um e só acabar na contracapa. O que os gays e as lésbicas desse signo têm em dificuldade de se soltar eles compensam com muito conhecimento e resistência, fazendo do sexo uma experiência completa para seus parceiros. E, dado serem regidos pelo deus do tempo, melhoram com a idade como um bom vinho, permanecendo uns velhinhos e velhinhas muito, muito ativos.

Grande ponto forte

Capricornianos são gays e lésbicas com força de vontade e visão a longo prazo inigualáveis, capazes de conseguir tudo o que resolvem ser importante para suas vidas. Brilhantes economistas, estadistas, milionários e campeões olímpicos.

Desafio a superar

A lentidão e a dificuldade de algumas de suas conquistas deixa capricorniozinhos muitas vezes sérios demais, como se não pudessem acreditar que a vida pode também ser livre, leve e solta. Gays e lésbicas nascidos nesse signo precisam compensar a objetividade com que fazem tudo para permitir que prazeres não planejados surjam em seu cotidiano, e regar não só a horta de onde vão tirar seu sustento como o jardim que vai tornar sua casa bonita.

Aquário
21 de janeiro a 19 de fevereiro

Símbolo

O décimo-primeiro signo do zodíaco é representado por um homem que carrega água, o que pode parecer estranho para um signo de ar mas é típico das esquisitices de Aquário. Regido por Urano, o deus dos céus e elemento radioativo, é fixo (entenda-se teimoso), imprevisível como o tempo e poderoso como uma bomba atômica. Estamos na era de Aquário, o que significa que os gays e as lésbicas aquarianos estão em especial sintonia com o que está para acontecer, e que todas as minorias sexuais estão favorecidas, já que Urano protege os revolucionários, anarquistas e contrários à ordem estabelecida de modo geral. A cor de Aquário é o roxo, o metal, o alumínio e o espírito, o de saber.

Físico

Gays e lésbicas com Sol em Aquário costumam ter olhos sonhadores e aquela expressão distraída dos gênios preocupados com suas teorias. De testa alta, cabelo ralo e despenteado, inteligência rápida e cultura vastíssima, andam por aí desarrumados e fora de moda, ligados em tudo menos nas aparências. Quando alguém responde, numa reunião, quais são as espécies de animais ameaçadas de extinção no Congo ou enumera as razões pelas quais o doutor Spock, de *Jornada nas Estrelas*, pode ser considerado gay, você tem grande probabilidade de estar diante de um aquariano. Seu ponto fraco são os tornozelos, que vivem torcendo, e a má circulação nas pernas.

Na vida

Gays e lésbicas de Aquário são pessoas extremamente mentais, interessadas no mundo das idéias e em como mudar as dos outros (já que as próprias elas em geral acham que estão certas). Movidos a idealismo, podem tornar-se *hackers* invasores de instituições governamentais ou jogar tinta em casacos de pele para defender algo em que acreditem. Suas anteninhas são poderosas quanto aos conceitos que irão moldar a humanidade: se uma lésbica de Aquário lhe disser que o Pantanal é a San Francisco do futuro, pode abrir uma pousada gay por lá. O único senão é que às vezes estão sintonizados com um futuro um tanto distante, e talvez a pousada demore uns cinqüenta anos para tornar-se um bom ponto gls...

Resolvendo problemas

Aquarianinhos são a inspiração para o personagem de Sherlock Holmes: detetive que fumava ópio (ou alguma outra coisa não muito católica) naquele cachimbo constante, tinha uma relação suspeitíssima com seu eterno companheiro Watson e resolvia os problemas mais intricados através de pura dedução. Gays e lésbicas nativos de Aquário adoram montar quebra-cabeças em quatro dimensões e encontrar a solução onde ninguém procurou. Mas não espere que cumpram horário, respeitem as bobagens do chefe ou vistam um tailleur de linho. Ou que escovem os dentes, digam bom-dia e se lembrem do número da própria carteira de identidade.

Combatendo preconceitos

Lésbicas de Aquário são feministas desde que nascem, inconformadas em aceitar qualquer posição inferior aos homens. Gays de Aquário são os que mais rapidamente reconhecem o atraso dos preconceitos contra as minorias, tendo orgulho em ser diferentes da maioria. Costumam participar de (ou fundar) movimentos variados, já que acreditam na força dos grupos e em que tudo pode ser mudado para melhor. São inteligentes e informados mas muito impacientes com as fraquezas humanas, podendo tornar-se tirânicos na pressa de alcançar o que acham certo. Gays e lésbicas aquarianos nos mostram como será o futuro quando insistem em defender a diversidade e os direitos de cada um.

Família

Aquarianinhos são crianças curiosas, espertas e muito independentes. Adoram fazer experiências com o gato do vizinho ou o carro do pai, e quando chegam na adolescência não há o que os impeça de provar todo tipo de sexo. Rebeldes por natureza, são surdos a sermões e só acreditam no que eles mesmos descobrem, em geral defendendo publicamente a homossexualidade ainda antes de saírem da escola. Nutrem pouco respeito por tradições familiares ou mesmo laços de afeto, preferindo atirar-se em tudo que desperte seu interesse, sejam grupos que aguardam extraterrestres, sejam bordéis gays no interior da Ásia.

Amores

Gays e lésbicas de Aquário acreditam no amor eterno, embora não pareça, já que costumam fugir de relacionamentos com muito envolvimento. O problema é que tanto as mulheres quanto os homens desse signo adoram a liberdade e são alérgicos às chantagenzinhas emocionais típicas de namoros e casamentos. Por isso, desaparecem como o homem invisível quando acham que não estão sentindo o Grande Amor de suas vidas.

Por outro lado, quando acham que o tal Grande Amor bateu à porta, dedicam-se com toda teimosia e idealismo característicos de Aquário, casando-se para a vida inteira. Só não tente convencê-los. Até nisso, aquarianos só acreditam no que eles mesmos descobrem.

Amigos

Gays e lésbicas de Aquário são amigos sempre interessantes, cheios de idéias e curiosidade pela sua vida. Apóiam os projetos mais malucos e respeitam a individualidade dos outros, já que nunca acham que a maioria tem razão. Gostam de conversar e viajar com todo tipo de gente, sendo raro o gay de Aquário que não se corresponda com pelo menos uma dúzia de outros gays ao redor do mundo. Julgam as pessoas pelo que elas dizem ou fazem de único, jamais pelas aparências, tendo em geral amigos tanto em saunas quanto em universidades. Só não tente prender uma lésbica aquariana numa conversa chata ou fazer um gay dar uma de hetero como padrinho de casamento: os resultados podem ser um desastre diplomático...

Cama

Lésbicas de Aquário costumam ser tudo menos garotas tímidas encolhidas em casa. Gays então nem se fala, experimentam quase tudo o que sua cidade tem a oferecer antes dos dezoito aninhos... Isso não quer dizer que sejam maníacos por sexo, apenas curiosos e de mentalidade *bastante* aberta. Não tenha vergonha de colocar suas fantasias para fora com alguém de Aquário, ele provavelmente já viu alguma coisa parecida antes, não achou nada demais e deve ter um monte de sugestões para incrementar a sua cena.

Grande ponto forte

Aquarianinhos são grandiosos em perceber para onde a raça humana pode evoluir, e traçar belíssimos ideais – especialmente para minorias sexuais – que todos só temos a ganhar em adotar. São ótimos físicos nucleares, inventores, web designers, gurus.

Desafio a superar

Por pensar muito no futuro e nas grandes causas, gays e lésbicas com Sol em Aquário muitas vezes se esquecem de seus semelhantes mais concretos e próximos. Seus desafio é integrar o ideal magnífico que conseguem enxergar ao nosso dia-a-dia cheio de problemas e defeitos.

Peixes
20 de fevereiro a 20 de março

Símbolo

O último signo da roda zodiacal é representado por dois peixes nadando em sentidos opostos, às vezes em círculos. Eles representam o potencial de unir opostos dos peixinhos, de integrar a dualidade eu/outros que atormenta todo mundo nessa terra. O ambiente dos Peixes é o mar da intuição, e seu planeta regente é Netuno, o deus dos mares, da névoa e das ilusões. Gays e lésbicas desse signo nadam ou nas águas cristalinas da clarividência ou em correntes turvas de emoções fortes. É um signo de água, ligado à emotividade, e mutável, ou seja, que se adapta. Sua cor é o violeta-claro, seu metal, a platina, seu espírito, o do acreditar.

Físico

Gays e lésbicas de Peixes costumam ter olhos grandes (às vezes saltados como os peixinhos), melancólicos e que vertem lágrimas ao menor sinal. Piscianos são ainda muito flexíveis, em geral magros e pequenos, e dançam bem. Têm fala mansa, sorriso fácil e um rosto tão expressivo que parecem mais de uma pessoa, dependendo da hora. Seu signo rege os pés, que tendem a ser grandes em proporção ao corpo e lhes causar probleminhas, e o sistema linfático, que é o mar dentro do corpo e pode se alterar ou turvar como as suas emoções.

Resolvendo problemas

Piscianos resolvem as situações através da intuição, a mais poderosa do zodíaco, que os leva a fazer pequenos gestos perfeitos na horinha certa. Gays e lésbicas com Sol em Peixes são sempre humanitários e cheios de compaixão, dispondo-se a parar tudo para ajudar a quem lhes pede auxílio, em geral gastando todo o seu tempo, energia e dinheiro dessa forma. Por outro lado, tocam no lado mais sensível das pessoas, despertando o instinto protetor dos signos mais assertivos, os quais costumam lhes dar uma mãozinha.

Na vida

Se você vir alguém chorando por um passarinho atropelado ou tentando avisar as baratas que o homem da dedetização está chegando, pode apostar que é um pisciano. Gays e lésbicas com Sol em Peixes são budistas por natureza, tendo compaixão por tudo o que vive, viveu e viverá. Colocam-se no lugar do outro com muita facilidade, sofrendo as dores alheias como se fossem próprias. Têm sexto, sétimo e oitavo sentidos, captando o que você nem começou a sentir ainda e mostrando-se supercompreensivos e solidários. A vida costuma lhes parecer um pouco grande, complicada e barulhenta demais, razão pela qual muitos peixinhos fogem para as águas do álcool ou das drogas. Com a idade, vão apurando sua sabedoria intrínseca e atingindo um pouco mais de paz interior.

Família

Peixinhos são crianças dóceis, superemotivas, que ajudam no que podem em casa. Só não assimilam nenhuma disciplina rígida, porque sua natureza flexível os faz escorregar entre as proibições como o peixe na mão molhada. Para adolescentes de Peixes, a sexualidade é um dos milagres da existência, que eles exploram com grande interesse e muita mobilidade, para desespero de pais que desejem prendê-los. Gays e lésbicas piscianos não gostam de chocar ninguém, muito menos a mãe querida, mas acreditam que a vida é bela e o amor, mais ainda.

Combatendo preconceitos

Piscianos não são muito combativos com coisa alguma, quanto mais preconceitos. Seus poderes de entender todo mundo inclui os reacionários e preconceituosos radicais, que gays e lésbicas de Peixes costumam perdoar e incluir em suas orações para que sejam iluminados pelo entendimento. Peixinhos comovem-se e impressionam-se com facilidade, podendo ser levados a colaborar com quase qualquer causa justa, mas seu forte mesmo é o reino espiritual. Aos gays e lésbicas desse signo cabe guiar os outros na busca do espírito nas coisas terrenas, já que pressentem valores transcendentais até no sexo mais casual, compensando as tendências excessivamente racionais e materialistas de nossa cultura.

Amigos

Gays e lésbicas com Sol em Peixes são amigos hipercompreensivos, dispostos a ouvir pela centésima vez cada detalhe triste da sua separação. Sua amiga pisciana vai chorar junto e se dispor a fazer um chazinho (ou servir um uisquinho) para você na madrugada, e talvez até consolá-la na cama! O carinho para os nativos de Peixes passa fácil para o amor, para o sexo e de volta para a amizade. Não estranhe, é só uma natureza muito aberta às emoções em ação.

Amores

Piscianos são todos, gays e lésbicas, absurdamente românticos, de acreditar em amor à primeira vista, romances felizes por e-mails, uniões eternas, juras à beira-mar e amor em frente à lareira. Nem mesmo as muitas desilusões que já abalaram esses corações sensíveis os impedem de se jogar com ímpeto no próximo romance, achando que agora o final será feliz para sempre. Dedicam-se de corpo e alma à pessoa amada, muitas vezes se esquecendo de si próprios. Talvez por isso sejam tão freqüentemente explorados...

Cama

Gays e lésbicas de Peixes acreditam que vão encontrar o amor nos lugares mais variados, seja um *darkroom*, seja uma mansão cinematográfica e, se isso nem sempre acontece, pelo menos adquirem muita quilometragem. Não tenha medo, portanto, de propor suas mais delirantes fantasias que sua namorada de Peixes vai entender e ainda inventar em cima. Mas tenha o cuidado de mostrar sempre seu carinho pelos peixinhos, já que esse signo não separa sexo de amor e sofre com a frieza de sentimentos.

Grande ponto forte

Peixinhos têm uma compaixão imensa pelos seres vivos todos, dispondo-se a utilizar seus fortes poderes psíquicos para o bem alheio e mostrar que temos todos uma ligação profunda com o espírito da vida. São músicos, dançarinos e atores maravilhosos, além de místicos inspirados.

Desafio a superar

Gays e lésbicas de Peixes se perdem com facilidade no emaranhado das emoções e necessidades dos outros, deixando de lado as suas próprias. Sua sensação de insignificância muitas vezes faz com que não ajam conforme o que acreditam, e assim deixem de dar sua contribuição ao mundo. Precisam equilibrar seu ego com o dos outros para conseguir expressar sua criatividade e seus poderes.

3

O Ascendente

O signo que se levantava no horizonte quando você nasceu indica a personalidade que você vai desenvolvendo durante a vida. Diferentemente do signo solar, que indica a essência que não pode ser mudada mas apenas aperfeiçoada, o signo do Ascendente vai ficando cada vez mais evidente com a idade, porque vamos aumentando a sua eficiência.

A personalidade é a máscara, a maneira como cada um enfrenta os problemas e desafios da existência. Com a prática (e os erros), é inevitável que a gente aprenda a manifestar melhor o que tem de mais forte, resultando na famosa sabedoria da idade – que, se pudesse ser vendida pela metade do preço por que foi adquirida, livraria todo mundo da necessidade de aposentadoria...

O signo do Ascendente deve ser combinado com o solar e o lunar da seguinte maneira: o solar é o seu eu essencial, o que você veio fazer e manifestar nessa vida; o Ascendente é a forma, a maneira como você vai expressar aquela essência; e o lunar é o melhor ambiente, o recipiente ideal para você fazer acontecer as suas melhores qualidades.

Por exemplo, um gay com Sol em Leão, Ascendente em Libra e Lua em Câncer tem a essência digna e preocupada com realizações de Leão, manifesta essa vontade de provar o seu valor com o charme mental e diplomático dos librianos e se sente melhor se puder ter um relacionamento sincero, romântico e estável, que lhe dê segurança afetiva suficiente para confiar na sua excelente intuição.

Áries

Gays e lésbicas que tinham Áries no horizonte quando deram seu primeiro grito são pessoas que costumam mostrar muitas das características físicas arianas – como rapidez, agressividade e interesse por esportes competitivos – e uma tendência de brigar pelo que querem. Quanto mais velhos ficam, mais idealistas e destemidos parecem ir se tornando, fazendo aflorar em suas vidas um pique de guerra mesmo em combinação com os signos solares mais pacíficos. Tornem-se eles faladores ou fazedores, são velhinhas e velhinhos sacudidos, que não morrem quietos de jeito nenhum.

Touro

Quem nasce com Touro no Ascendente costuma ter, além das características físicas desse signo, uma tendência crescente a acumular riquezas, seja na forma de casas e terrenos, de amor pela natureza, de gosto pelas boas refeições, seja nas formas arredondadas e quilinhos a mais... Gays e lésbicas com esta personalidade vão ficando mais calmos e lentos, mais abertos ao milagre das sensações, mais sábios com as crianças e os animais. Lembrando que se trata de um signo de poder, a realização de pessoas com este Ascendente torna-se mais possível com o passar do tempo, apesar da eterna nostalgia pelo vigor perdido e os tempos dourados que não voltam mais.

Gêmeos

Gays e lésbicas nascidos quando o signo de Gêmeos estava no horizonte são irrequietos, charmosos e muito falantes. Adoram viajar e dão um jeito de sair do país ao menos uma vez na vida, nem que só pela internet. Quando moram fora, não são do tipo que só vai aos lugares turísticos, dando um jeito de descobrir o bar gay que só os habitantes locais freqüentam e empregar com naturalidade as gírias de quem nasceu lá. Sempre estão na última moda de Londres ou vestindo-se completamente fora de todas as modas conhecidas. São comunicadores magníficos, por escrito ou falando ou por gestos ou por códigos de espionagem. Imagine um James Bond gay e terá o perfil desse Ascendente sedutor e inteligente.

Câncer

Gays e lésbicas com Câncer no Ascendente têm, além do rosto de Lua cheia e uma forte atração pela boa mesa, uma aptidão especial para lidar com grupos complicados. Apesar de tímidos, logo entendem quem dos dois homens manda e quem só obedece o marido, e não perdem tempo tentando influenciar o mais vistoso do par. Ouvem de maneira compreensiva os problemas dos amigos e, quando dão palpites, fazem previsões espantosas, é bom acreditar. Conforme vão ficando mais velhos, apuram sua sensibilidade e também fragilidade, ficando umas manteigas derretidas que se enternecem ou machucam até a alma com palavras impensadas de quem está à sua volta.

Leão

Gays e lésbicas com o Ascendente em Leão costumam apresentar uma aura de poder e autoconfiança exuberantes, do tipo "é claro que sou capaz de mudar a Constituição brasileira para incluir a não-discriminação dos homossexuais". Ainda bem, porque são capazes mesmo, basta quererem. É só não se deixarem iludir pelas armadilhas de status e perderem tempo tentando conquistar a admiração através de carros e roupinhas, e aqui estão os grandes fazedores de nosso meio.

Virgem

O Ascendente em Virgem faz de seus nativos gays e lésbicas engomadinhos e supermetódicos. Donos de um olho de águia para detalhes, são detetives naturais que descobrem muito e criticam mais ainda. Colocam ordem em tudo em que põem a mão – o que sempre é muita coisa, já que não conseguem parar quietos. São prestativos e têm um respeitável dom para curar os outros, seja através da medicina alopática, seja por meio de chás herbais e massagens. Quando conseguem aceitar que não são perfeitos nem nunca serão, seu deserto de autocrítica torna-se uma terra fértil de doçura e ajuda ao próximo.

Libra

Gays e lésbicas nascidos quando Libra levantava no horizonte são pessoas sorridentes, acostumadas a conseguir o que desejam através de seu charme. Ao longo de suas vidas costumam precisar de cada vez mais equilíbrio, especialmente entre seus anseios interiores e o que a sociedade espera deles. São homossexuais muito infelizes quando não conseguem viver abertamente a sua orientação e quando não podem dedicar sua mente poderosa a resolver problemas que acreditem essenciais. Apesar do componente arroz-de-festa de sua personalidade (eles adoram encontrar-se com bastante gente), gays e lésbicas com Libra no Ascendente se realizam ao perseguir ideais de justiça e harmonia entre os diferentes.

Escorpião

O Ascendente no signo do Escorpião confere aos seus nativos ombros pesados, olhos escuros e um saudável apetite para sexo. Também dá antenas apuradas e uma grande desconfiança dos seres humanos em geral, porque facilita a visão dos podres escondidos. Gays e lésbicas com Escorpião no Ascendente têm muita liberdade de escolha do que fazer com a vida: ganhar dinheiro, subir na carreira, seduzir, encantar multidões, descobrir o caminho da iluminação interior são todas atividades possíveis se não se deixarem levar pelo medo de serem enganados.

Sagitário

Gays e lésbicas com Ascendente em Sagitário são desajeitados como um cavalo, não sabem mentir e têm um entusiasmo contagiante por estarem vivos. Adoram estudar e aprender idiomas, assim como praticá-los em viagens exóticas. São pesquisadores inteligentes, professores carismáticos, gays e lésbicas otimistas. Sua maneira de ser no mundo é pela expansão: jamais saem de algum lugar sem marcar os outros com sua passagem, contribuição ou opiniões francas demais.

Capricórnio

O signo da cabra no Ascendente faz dos seus nativos pessoas cada vez mais ambiciosas e metódicas, que usam o tempo a seu favor para conseguir o que querem. Gays e lésbicas com esse poderoso Ascendente são realizadores que sabem se fazer obedecer. São também um tanto mal-humorados e solitários quando se deixam invadir por opiniões negativas. Quando descobrem que a vida é prazerosa mesmo com defeitos, por outro lado, podem contribuir com uma visão estratégica que muda as coisas com grande eficiência.

Aquário

Gays e lésbicas com o aguadeiro no Ascendente são rebeldes e criativos, atraindo pencas de amigos de nacionalidades variadas. Gostam do perigo, do diferente, e se dão bem na contracorrente, tentando convencer (ou afundar) navios que pescam peixes em extinção. Defensores naturais das minorias sexuais, têm consciência de que o futuro não será como hoje e detonam tudo o que atrapalha para chegarem lá.

Peixes

Gays e lésbicas com Ascendente em Peixes são pessoas gentis e intuitivas, que se dispõem a ajudar os outros com a maior facilidade. Com o passar do tempo vão aprimorando sua percepção religiosa, podendo terminar a vida como velhos muito sábios ou como membros de uma infinidade de seitas... Têm uma aptidão natural para entrar no ritmo da coisa, o que faz desses gays e lésbicas grandes apreciadores de música e colaboradores em qualquer arte.

4
A Lua

A Lua era o símbolo da Grande Mãe na Antigüidade, tão importante quanto a divindade solar, o Deus Pai. Suas qualidades sempre foram ligadas ao lado mais receptivo e sensível de nossa natureza, aquilo que não é racional nem depende da vontade, mas das emoções.

Na astrologia, o signo em que a Lua está no momento em que você nasce determina a sua capacidade de adaptação a mudanças, seu relacionamento com os pais e sua abertura e acolhimento nas relações.

Acredita-se que, nessa era um tanto fria e objetiva em que vivemos, estamos ignorando a Lua e o que ela pede em nosso mapa natal. Como tudo na vida, se deixarmos a Lua de lado, ela voltará em dobro, causando problemas nos amores, na sensação de órfãos que sentimos perante as grandes decisões e no medo de mudança.

Preste atenção ao recado de sua Lua e você estará tratando bem de seu conforto emocional.

Áries

Quem tem a Lua em Áries prefere que as suas relações afetivas aconteçam em clima de absoluta honestidade e espontaneidade. Gays e lésbicas nascidos sob esta Lua disfarçam pouco quando estão interessados em alguém e oferecem seu coração de maneira aberta e corajosa. São guerreiros instintivos, acostumados a combater a frieza com otimismo e uma eterna esperança de que as coisas vão melhorar. Costumam acabar conquistando grandes amores com sua inocência e fogo interior, sentindo-se melhor com quem também é otimista e corajoso. Gays e lésbicas com Lua em Áries devem criar espaço para o bebê inocente e criativo que têm dentro de si, evitando críticas excessivas ou o cultivo do cinismo.

Touro

Gays e lésbicas nascidos sob a Lua de Touro gostam de relacionamentos acolhedores, em que o contato físico seja constante e carinhoso. Apreciam figuras com autoridade, que sejam provedoras e abertas para o mundo das sensações. Sentem-se atraídos por situações de segurança, solidez afetiva e permanência. Oferecem fidelidade e a possibilidade de um amor que nutre a alma. A família é, para estes gays e lésbicas, um ponto central, seja de desgosto, seja de referência para o resto de suas vidas. Quando têm filhos, dão-lhes sustento sólido e um nome respeitável. Lua em Touro dá ainda um bom instinto para investimento e para ver as falsidades escondidas atrás de fachadas imponentes. Gays e lésbicas com Lua em Touro fazem bem em dar-se tempo para cultivar um jardim, meditar ou contemplar obras de arte.

Gêmeos

Quem tem sua Lua natal no signo de Gêmeos sente-se à vontade em relacionamentos de muita troca – de idéias, dinheiro, experiências, sensações. Sua nutrição emocional vem do movimento e da liberdade, do contato com culturas estrangeiras e pessoas com idéias grandes. A casa destas lésbicas e gays precisa ser aberta e arejada, de frente para ruas movimentadas ou munidas de tv a cabo e internet. Esta Lua facilita a intuição de ligações inusitadas entre os assuntos, podendo tornar-se até uma forma de genialidade se devidamente respeitada. Lua em Gêmeos pede que seus nativos persigam as idéias que os interessam e se disponham a fazer muitas mudanças.

Câncer

A Lua está em sua residência em Câncer, o que aumenta os poderes intuitivos dos gays e lésbicas assim nascidos. Confortáveis em ambientes místicos, são ótimos candidatos a leitores de tarô e médiuns, e parecem só se relacionar com pessoas que surgem por força do destino em suas vidas. Precisam de acolhimento e muito apoio para a sua insegurança, especialmente emocional. Sentem-se bem em lugares estáveis, rodeados de coisas duráveis como a mesa do vovô ou o retrato da tataravó. Quando respeitam a sua intuição, podem ter um impacto profundo nas pessoas à sua volta, pois têm acesso a forças muito antigas e que precisam ser recuperadas pela humanidade. Gays e lésbicas com a Lua em Caranguejo precisam aceitar sua necessidade de mudanças periódicas e fazer ligações, ainda que simbólicas, com seus familiares e com o passado.

Leão

Lésbicas e gays nascidos com a Lua em Leão gostam de ser o centro das atenções, sentindo-se melhor em relacionamentos em que sejam bajulados e paparicados. Seu ambiente emocional é o da generosidade e calor, abrindo com facilidade sua casa a amigos desabrigados e parentes perdidos. Quando a insegurança interna leva à busca por caminhos esotéricos, esta Lua guia seus nativos a um grande poder luminoso. Quando os caminhos são mais terrenos, costumam resultar em bastante dinheiro e uma boa posição social. Lua em Leão pede a seus nativos que se empenhem em causas nobres e que jamais troquem sua dignidade por ganhos monetários.

Virgem

Gays e lésbicas nascidos com a Lua em Virgem desejam relacionamentos em que haja pureza, porém dentro de parâmetros controlados. Nada de desvarios românticos ou cortar de pulsos, mas uma relação confiável, sólida e duradoura. Devido à sua autocrítica exacerbada, as pessoas com essa Lua muitas vezes cerceiam os seus sentimentos e tentam torná-los aceitáveis. Isto é especialmente problemático para com suas emoções amorosas, já que raramente seu meio social e familiar aprova a homossexualidade. Uma vez que aprendam a aceitar seus verdadeiros sentimentos, desbloqueiam grandes poderes de cura e podem transformar-se em belos alquimistas. Gays e lésbicas com Lua em Virgem fazem bem em ter uma horta ou herbário e dar a si mesmos pequenos presentes que achem bonitos.

Libra

Gays e lésbicas com a Lua em Libra sentem-se bem apenas em ambientes em que haja harmonia, seja na forma de uma decoração bonita, seja na forma de emoções pacíficas. Sentem-se agredidos pela violência e pela mesquinhez, mesmo que não dirigidas contra eles, assim como pela feiúra, música estridente e exageros. São nutridos por parceiros e parceiras zen que tenham a mente ativa, capazes de estimular seu intelecto sem frieza e sua paixão sem possessividade. Envolvem-se profunda e apaixonadamente por seus amores, esperando um casamento duradouro e de troca. Gays e lésbicas com Lua natal em Balança devem cercar-se de coisas bonitas e atividades que proporcionem equilíbrio, como dança, ioga, tai-chi.

Escorpião

Gays e lésbicas nascidos com Lua em Escorpião precisam de ligações emocionais profundas para sentirem-se bem. Seu medo de mudança e de abandono faz com que muitas vezes tentem controlar aqueles que amam através de seus poderes intuitivos nada desprezíveis. Lua em Escorpião pede a seus nativos que procurem ambientes de completa honestidade emocional, livres de chantagens e uso de poder, para que possam cultivar sua confiança. Esta é uma Lua propícia à magia e à autodescoberta transformadora.

Sagitário

Lésbicas e gays com a Lua no signo do Centauro buscam ambientes expansivos, em que possam dar vazão ao seu entusiasmo pela vida e pelas pessoas. Preferem experimentar tudo em dobro e divertir-se sem medo com as reviravoltas do destino. Ficam mais felizes em relacionamentos abertos, honestos, em que haja espaço para o carinho e o galope. Lua em Sagitário pede a seus nativos que deixem lugar para as brincadeiras em sua vida, para fazer coisas pelo simples prazer de fazê-las, sem se entulhar de obrigações rotineiras.

Capricórnio

O ambiente emocional perfeito para gays e lésbicas nascidos com a Lua em Capricórnio é o de solidez e mudanças programadas, sem sustos ou viradas. Esses nativos gostam de casar-se para a vida inteira, comprar casas e terrenos juntos, investir na aposentadoria. Fazem bem em cultivar jardins ou pomares, para ver coisas bonitas crescerem de seus esforços e compensarem o deserto que às vezes sentem carregar dentro de si. Sentem-se em paz também em contato com a água, seja na forma de rios ou piscinas, seja na forma de sonhos dirigidos e exploração da riqueza do inconsciente.

Aquário

Gays e lésbicas com a Lua em Aquário gostam de mudanças e viagens, gente nova e idéias inéditas. Sentem-se bem em casas modernas, ligadas com o mundo pela internet, e em ter espaço para as suas excentricidades. Precisam de relacionamentos estáveis mas elásticos, que possam acompanhar suas viradas bruscas e permitir os muitos amigos que esta Lua pede. Lua em Aquário faz de seus nativos pessoas interessadas no social, que se sentem úteis e felizes ao trabalharem por um ideal.

Peixes

A Lua no último signo da roda do zodíaco dá a seus nativos grandes poderes de clarividência e intuição. Gays e lésbicas com Lua em Peixes sentem-se bem em ambientes em que haja muito carinho e delicadeza, já que a sua sensibilidade é extraordinária. Preferem parceiros que respeitem as forças sutis e tenham interesse em desenvolver-se espiritualmente como eles próprios. Fazem bem em dedicar-se de maneira altruísta a alguma causa ou pessoa, e em cultivar a paz necessária para ouvir sua voz interior.

LETÍCIA, FINALMENTE TOMEI CORAGEM PRA DIZER QUE EU TE AMO!..
OH, CHUIF...

... E QUE EU QUERIA MUITO FICAR COM VOCÊ...
OH... CHUIF...

...PRA SEMPRE...
OH, CHUIF...

... ATÉ QUE A MORTE NOS SE... GLUB
GLUB
GLUB

5

Relacionamentos

Relacionamentos são o que há de complicado hoje em dia: todo mundo quer, todo mundo sofre com o que tem ou gostaria de ter, todo mundo acha que o seu poderia ser melhor. Uma das grandes contribuições da astrologia ao bem-estar humano é, a meu ver, justamente a de apontar para o óbvio, mas que esquecemos sempre: temos diferenças básicas.

Foi esta constatação que me levou a me interessar por astrologia, aos dezoito anos. Eu não entendia porque a minha namorada, uma virginiana, era tão menos aventureira que eu, uma aquariana. Também fiquei perdida quando adotamos posições completamente diferentes sobre assumirmos nossa homossexualidade. Claro que sofri, com ou sem os astros, com a nossa separação, mas pelo menos foi raiando em mim a compreensão de que os anseios de cada signo podem ser muito, mas muito mesmo, diferentes, e que se não houver um acordo, não haverá relação.

Não acredito que haja par impossível para a astrologia. Mesmo as combinações mais cheias de tensão podem funcionar, desde que haja disposição interior para tal. O problema é que, para que esses relacionamentos não se tornem guerras sangrentas, é preciso entender o que cada um necessita.

Os signos de terra, por exemplo, estão em princípio interessados em solidez, permanência, conforto material, bens palpáveis. Eles pensam (como todo mundo, aliás) que seus anseios são comuns à humanidade e que quem diz não os ter está mentindo. Uma relação que coloque em risco os bens de alguém de terra estará com certeza destruindo a ligação do casal, pois estas pessoas não suportam viver na incerteza.

Nada disso se aplica às pessoas de elemento ar, que se preocupam em essência com seus ideais. Estas são perfeitamente capazes de torrar sua herança em um projeto de ajuda a menores carentes, por exemplo, e sentir o maior desprezo por quem as aconselhar contra. Signos de ar querem liberdade, sem a qual se sentem sufocados, mas não se preocupam a mínima com permanência. Amanhã eles mudam tudo, se precisarem.

Não é difícil deduzir que alguém com muita terra em seu mapa (signo solar e Ascendente, por exemplo) vai ter dificuldade em se relacionar com alguém com muito ar. Um vai querer uma rotina confiável e o outro, clamar por liberdade e espaço para as suas idéias. Não é a astrologia que os fará mudar, claro. Os signos apenas dão uma dica que eu mesma achei valiosíssima para os meus relacionamentos: todos os anseios são válidos. Liberdade não é nem mais nem menos nobre que bens materiais, é apenas o *meu* anseio. Se eu não respeitar e der espaço ao que é importante para a outra pessoa, não poderei ter um relacionamento com ela.

Fica a sugestão, portanto, de usar esse pequeno guia de relacionamentos para tentar entender o que é básico para o seu par, e sobre o que vocês precisam conversar, já que comunicação é a chave do entendimento. Dê uma olhada na introdução, onde falo dos quatro elementos. E siga o princípio de que signos cardinais brigam pelo poder com outros cardinais e são ressentidos pelos fixos, que não gostam de receber ordens. Fixos com fixos fazem competição de teimosia mas têm muito poder, e os mutáveis se entendem bem com eles próprios e com os outros dois, já que se adaptam e se dispõem a falar sobre o que os incomoda.

Como boa feminista que sou, não adotei sempre o masculino para casais, falando como se os relacionamentos fossem ora entre dois homens, ora entre duas mulheres. Os leitores que me desculpem, mas vão precisar fazer aqui um exercício que as leitoras fazem o tempo inteiro: imaginar que, quando falo de duas mulheres, posso estar também me referindo a dois homens.

Os signos estão apresentados na ordem tradicional do zodíaco, começando com Áries. Procure sempre pelo signo que vem primeiro do casal, já que não há repetições. Por exemplo, um relacionamento entre Peixes e Escorpião vai estar em Escorpião com Peixes, já que o signo dos escorpiõezinhos aparece antes do dos peixinhos na roda.

Áries com...

Áries com Áries

Fogo com fogo queimam muito bem, têm ímpeto de começar coisas novas, atirar-se em aventuras e fazer esportes juntos. Têm também impaciência um com o outro, brigam com freqüência, nem sempre conseguem ver o ponto de vista do outro e podem terminar a relação num impulso, sem pensar direito. Áries com Áries assumem-se bem como casal porque são corajosos e centrados no que sentem, não se importando muito com opiniões alheias.

Áries com Touro

A taurina pode ajudar a ariana a completar seus projetos e servir de porto seguro quando esta se sente atacada, a ariana pode impulsionar a taurina a arriscar-se um pouco mais e sair da rotina. No entanto, fogo com terra exige muitos acertos porque os ritmos e os medos são bem diferentes, e Áries pode querer monopolizar as atenções e cuidados do casal com seu pique bebê-centro-do-mundo. Como casal, a ariana vai querer se expor e enfrentar os prenconceitos com mais coragem que a taurina, que prefere relacionamentos a portas fechadas. É necessário discutir e achar o meio do caminho confortável para ambas.

Áries com Gêmeos

Fogo e ar se alimentam e energizam, o geminiano desenvolve intelectualmente os projetos do ariano, e este se entusiasma com os amigos e interesses variadíssimos do parceiro. A compatibilidade fácil pode fazer, ainda assim, com que os dois se esqueçam de conversar sobre sentimentos e medos mais profundos, e se distraiam numa roda-viva de atividades e gente. O casal é do tipo aventureiro, disposto a explorar o que a comunidade tem a oferecer a homossexuais tanto aqui como no exterior, e assumir o seu amor publicamente.

Áries com Câncer

Os dois signos são cardinais e se ajudam a iniciar projetos e ser criativos, Câncer ampara Áries nas crises de insegurança, Áries movimenta a vida de Câncer com atividades e pessoas novas. Mas a água da melancolia e cautela de Câncer pode apagar o fogo do entusiasmo de Áries, assim como o fogo da impaciência da ariana pode evaporar as reservas de energia da canceriana. O casal precisa de muitos acertos quanto a assumir-se, já que Câncer se preocupa com a opinião da família e dos colegas, enquanto Áries acredita na honestidade de expressão dos sentimentos.

Áries com Leão

Dois fogos diferentes e energéticos, cheios de paixão pela vida e por criar coisas, de individualidade forte e marcante. Quando se apóiam, são um casal magnífico. Se um tenta dominar o outro, a casa pega fogo. A teimosia de Leão pode provocar a agressividade de Áries, enquanto a impulsividade do ariano talvez deixe o leonino inseguro quanto à estabilidade da relação. O casal preza a paixão acima das restrições sociais e defende seu amor com ferocidade.

Áries com Virgem

Virgem apóia Áries e completa sua impulsividade com ações meticulosas, enquanto a ariana puxa a virginiana para fora da casca e a incentiva a expressar sua criatividade sem tanto medo. Mas a dureza da crítica de Virgem pode ofender e afastar Áries, enquanto o medo de Virgem talvez desperte a impaciência de Áries. Como todo fogo e terra, muita conversa é necessária. O casal preza a simplicidade mas tem opiniões diferentes quanto a assumir-se. A virginiana é mais fechada e defendida, a ariana tende a expor-se sem pensar. Se uma arriscar a abrir-se e a outra der tempo ao processo, podem se entender muito bem.

Áries com Libra

O ar das idéias de Libra alimenta o fogo do entusiasmo de Áries, enquanto a coragem do ariano pode ser um convite ao libriano para se colocar com mais assertividade. Os dois são também cardinais, combinando na preferência por partir para a ação em lugar de esperar que alguém mais resolva as coisas. No entanto, os dois são signos opostos na roda do zodíaco, e a preocupação consigo próprio de Áries pode chocar-se de frente com a consciência das vontades dos outros de Libra, ficando aquele impaciente com a moleza libriana e este chocado com a aspereza ariana. Mesmo assim, aqui está um casal que, quando resolvido, brilha junto: Libra preza o casamento e Áries coloca a paixão acima de tudo.

Áries com Escorpião

Áries e Escorpião têm ambas um espírito de brigar pelo que querem e defender o que gostam, e respeitam a guerreira que existe na outra. Mas a ariana é direta e franca, podendo machucar a parceira sem saber, enquanto a escorpiana se ressente sem avisar, podendo explodir em ciúmes ou guardar ressentimento. O fogo alegre da inocência de Áries precisa de negociação para combinar com a água depressiva e preocupada de Escorpião. Como casal, a escorpiana tende a não querer que sua relação com a ariana seja do conhecimento da família ou mesmo dos amigos como a ariana, mas a paixão que une as duas tem o potencial de ser fortíssima.

Áries com Sagitário

O fogo criativo de Áries combina com o fogo do prazer pela vida de Sagitário: ambos têm entusiasmo por atividades e gente nova. A sabedoria do conhecimento adquirido do centauro tempera um pouco os atos impensados do carneiro, enquanto a coragem desse inspira o sagitariano a se expressar mais. O excesso de fogo pode provocar muitas brigas extravagantes, e a chance de sexo fora da relação por parte de ambos precisa ser discutida. O casal encara a homossexualidade com franqueza e a vive com tranqüilidade.

Áries com Capricórnio

As duas são cardinais, o que combina na hora de se dispor a fazer coisas. Só que Capricórnio é metódica e sistemática, enquanto Áries quer partir para a ação *agora*. A capricorniana apóia a ariana em sua insegurança, e a ariana anima a capricorniana com seu entusiasmo e otimismo juvenis. As duas precisam desenvolver a percepção de que, por trás da fachada de poder de Capricórnio está uma pessoa que se sente isolada, precisa de carinho e não deseja dominar a companheira como aparenta; e que por trás da fachada de agressividade e independência de Áries está um bebê grande. O casal pode conseguir muitas coisas juntas, inclusive uma relação longa e feliz.

Áries com Aquário

O fogo de Áries combina muito bem com o ar de Aquário, ambos gostam de independência, muitos amigos, experimentar coisas novas. O aquariano amplia os horizontes intelectuais do ariano, e este leva o aquariano para a realidade de todo dia. Áries no entanto pode sentir-se pouco amado, dada a natural reserva de Aquário, e sua cobrança emocional pode aborrecer o do signo de ar. Ainda assim, o casal tem tudo para dar certo e a coragem de assumir a sua orientação sexual sem maiores problemas, vivendo uma vida aberta e otimista.

Áries com Peixes

Apesar de serem fogo e água, elementos que tradicionalmente não combinam bem, este casal tem grandes chances de se entender: Peixes ouve Áries com atenção, dedicando à bebê grande todo o carinho de que ela precisa. A ariana em troca ajuda a pisciana a focar suas energias e partir para a ação em vez de se lamentar. Basta que Áries não passe por cima dos sentimentos da peixinha com muita brutalidade, e que Peixes não irrite demais a ariana com sua indecisão. O casal funciona bem na intimidade mas provavelmente não concorda quanto a expor-se, já que a pisciana é muito mais assustada e menos disposta a brigar por seus direitos que a ariana.

Touro com...

Touro com Touro

Terra com terra dá muita estabilidade, uma sensualidade sem fim e um baú de riquezas compartilhadas. Dá também a lerdeza do tourinho em dose dupla, teimosia ao quadrado e dificuldade de conversar sobre as diferenças de opinião. Como casamento, é para lá de sólido, cheio de confortos materiais e muito carinho um pelo outro. Só não contém muita exposição ao mundo, nem participação no que a comunidade homossexual tenta criar.

Touro com Gêmeos

Terra e ar precisam de muita conversa e vontade de se compreender para se acertar. Touro quer ficar em casa, cultivando coisas sólidas e confortáveis, Gêmeos quer sair e encontrar meio mundo. Mas a taurina dá solidez e um ponto de referência para as divagações da geminiana, enquanto esta traz ar fresco e novidades à vida da taurina. O ciúme de Touro pode parecer uma prisão para Gêmeos, e os interesses da geminiana podem parecer falta de amor para a taurina. Com franqueza e negociação, esse casal se ajuda muito na vida, inclusive a assumir o seu amor e vivê-lo plenamente.

Touro com Câncer

A terra estável de Touro combina especialmente bem com a água emotiva de Câncer. Os dois apreciam segurança, uma conta bancária recheada, uma casa aconchegante e muita fidelidade. O taurino acalma o canceriano com sua solidez e este atende a enorme necessidade de carinho do companheiro. Só precisam de ajustes quanto ao retraimento de Touro, que parece frieza ao canceriano, e a volubilidade de Câncer, que confunde o tourinho. Como casal, são eternos, amorosos e pouco aventureiros, dados a muita discrição quanto à homossexualidade.

Touro com Leão

Signo fixo com fixo resulta em teimosia ao quadrado, e também muito poder e força de vontade. As duas gostam de manter o que têm e expandir a conta bancária, mas a leonina faz as coisas por entusiasmo e para expressar a sua criatividade, enquanto a taurina faz por dever e para obter segurança. Muitas brigas por causa de dinheiro, já que Leão gasta e Touro economiza, e devido a sair, já que a leonina gosta dos lugares animados e a taurina prefere o conforto do lar. Muito dedicadas uma à outra e fiéis, a relação pode se tornar um exemplo de permanência e amor.

Touro com Virgem

Terra com terra se apóiam, ambos em busca de solidez e praticidade. Touro dá carinho e conforto ao virginiano em eterna autocrítica. Virgem cuida da saúde e das necessidades do taurino com dedicação. Ambos economizam para investir na casa e no jardim. Apenas as palavras críticas do virginiano podem ofender o taurino, e a lentidão deste aborrecer o rapidíssimo virginiano. Também o taurino é mais disposto ao contato sensual e sexual do que o virginiano, mas a probabilidade de se entenderem é enorme. Como casal homossexual, são discretos e pouco assumidos em público.

Touro com Libra

A sensualidade de Vênus facilita o amor desses dois signos, apesar de a taurina ser prática e centrada em si e a libriana ser idealista e preocupada com os outros. A teimosia e lentidão de Touro aborrecem o signo mental de ar, enquanto a vontade de se encontrar com pessoas e discutir idéias desperta o ciúme do signo de terra. Se as diferenças forem discutidas e as duas chegarem a um meio-termo, o casal pode ser muito feliz em seu carinho mútuo e sua paixão por arte e coisas bonitas. Quanto a assumir-se, Touro prefere a discrição, mas com o tempo pode ser convencida pelo charme de Libra.

Touro com Escorpião

Terra e água em geral combinam, mas aqui estão em lados opostos da roda do zodíaco, podendo ser totalmente dedicados ou quererem dominar um ao outro. Ambos são signos fixos de muito poder, altamente sexualizados, ciumentérrimos e teimosíssimos. Quando se amam, é à prova de tempestades, mas os humores variados do escorpiano podem perturbar a tranqüilidade de Touro, assim como a fachada impassível deste pode provocar ataques do escorpiano. Mas o bom senso de terra equilibra as emoções fortes do escorpiãozinho, e as profundezes psíquicas de Escorpião convidam o taurino a desenvolver uma percepção mais sutil do mundo. Casal centrado em si, que não participa de movimentos nem faz questão de tornar público o seu amor.

Touro com Sagitário

Terra e fogo precisam de muitos ajustes para se entenderem. A taurina gosta de segurança, de ficar em casa e de refletir bastante antes de qualquer decisão. A sagitariana gosta de viajar e conhecer meio mundo, empolga-se com muitos projetos e muda fácil conforme a direção do vento. Por outro lado, a solidez de Touro pode auxiliar Sagitário a firmar seus grandes planos na realidade, enquanto a sabedoria da sagitariana pode ajudar a taurina a abandonar hábitos que não lhe fazem bem. O ciúme precisa ser muito negociado, já que Sagitário detesta sentir-se presa e Touro não confia em quem não está a seu lado todo o tempo. Casal potencialmente muito criativo se resolver suas diferenças.

Touro com Capricórnio

Terra com terra se somam, ambos preocupados com a solidez das finanças e dos sentimentos. Dedicados e fiéis, o taurino pode às vezes se incomodar com a agitação e a vontade de vencer a qualquer custo de Capricórnio, e este se aborrecer com a lentidão e espírito de paz do tourinho, mas a tendência é se harmonizarem e apoiarem nas horas fáceis e difíceis. Juntos, têm o potencial de ganhar muito dinheiro e realizar inúmeros projetos, a ambição de Capricórnio encontrando respaldo na praticidade de Touro. Casal sólido e duradouro.

Touro com Aquário

Terra com ar exige muitos ajustes, visto que o pé na terra da taurina não combina com os ideais abstratos da aquariana. Além disso, os dois são signos fixos, de uma teimosia implacável. As duas têm dificuldade em ceder, e o tradicionalismo de Touro bate de frente com o espírito revolucionário de Aquário. Esta no entanto pode ampliar os horizontes mentais da taurina, enquanto a taurina pode contribuir com os aspectos mais práticos dos sonhos da aquariana. Casal dado a discussões explosivas mas muito criativo e diferente.

Touro com Peixes

Terra e água se completam, o tourinho dando carinho e firmeza ao peixinho, e este compreendendo e sendo amoroso de volta. Touro é um tanto preocupado demais com os centavos dos trocos para o gosto de Peixes, enquanto este parece perdido numa névoa de divagação esotérica aos olhos do signo de terra, mas os dois se entendem muito bem, inclusive na cama. Peixes pode ajudar Touro a se preocupar mais com o coletivo, e Touro focar as preocupações do signo de água no dia-a-dia. Casal sensível e dedicado um ao outro, mas pouco interessado em expressar sua homossexualidade em público.

Gêmeos com Gêmeos

Ar mutável repetido dá *muuuita* conversa, vontade de entender tudo e raciocínios telepatas de tão rápidos. Dá também estresse nas duas de tanta atividade, indecisão em dobro e mudanças num piscar de olhos. A relação pode ser muito divertida, porque as duas geminianas vão ficar inventando papéis opostos para representar e depois trocar sem se importarem com a consistência. O casal muitas vezes parece duas metades de tão bem que se comunicam, e são ótima propaganda para os direitos homossexuais: assumidas, falantes, charmosas.

Gêmeos com Câncer

Ar com água precisa de seus ajustes, mas no caso de signos em seqüência na roda do zodíaco há sempre pontos em comum. Câncer é a família, a casa e a tradição que Gêmeos não tem mas procura. O signo de ar, por sua vez, fornece leveza e um pouco de análise intelectual às emoções conturbadas do canceriano. As diferenças vêm do impulso de sair e conhecer gente do geminiano e da vontade de ficar em casa com poucos e velhos amigos do canceriano. Os dois diferem também no apego pelas coisas: zero no caso de Gêmeos, que troca de país e profissão como quem troca de roupa, e mil no caso do caranguejinho, que não joga fora nem a sua primeira chupeta. Mas os dois são intuitivos e personalistas, podendo se entender num nível profundo se o canceriano conseguir falar sobre as suas necessidades emocionais ao racional geminiano.

Gêmeos com Leão

Combinação animada de ar e fogo, o intelecto e interesses variados da geminiana alimentando os impulsos criativos da leonina, e o calor desta ajudando a estruturar as emoções voláteis da geminiana. Casal interessado em artes e muito produtivo na literatura, só precisa se equilibrar quanto à vontade da leonina de mandar na vida da geminiana, o que ofende seu amor pela liberdade, e o espírito supermutável da geminiana, que pode deixar a leonina insegura quanto ao relacionamento. Casal muito entrosado e popular no meio homossexual, capaz de se assumir sem problemas.

Gêmeos com Virgem

Ar com terra precisa de muita conversa para se entender, mas no caso dos dois signos regidos por Mercúrio comunicação é o que não falta. Gêmeos traz ângulos inesperados e idéias novas à vida dos dois, enquanto Virgem colabora se preocupando com as aplicações práticas dos projetos. Verdade que o pique cabeça-de-vento do geminiano pode incomodar o virginiano, e o respeito pelo dever e todas as regras de Virgem aborrecer o signo de ar. Mesmo assim, este é um casal que se completa, capaz de se adaptar a mudanças radicais e fazer crescer a relação nos meios mais variados.

Gêmeos com Libra

Ar com ar dá pensamento em dobro, muitos ideais e grande amor por desafios intelectuais. Dá também uma certa frieza e alguma dificuldade em viver as emoções mais simples, como uma festa de aniversário ou um passeio pelo campo. A combinação é, ainda assim, muito harmoniosa, Gêmeos auxiliando Libra com sua capacidade de análise, e o libriano mostrando a opinião dos outros ao geminiano. A conversa é fácil, fazendo deste um par com probabilidade de muitas descobertas juntos. A homossexualidade é entendida e analisada com tranqüilidade, e os dois são idealistas que se dispõem a fazer parte de lutas por direitos de minorias.

Gêmeos com Escorpião

Ar com água aqui é uma combinação das mais complexas, exigindo das duas parceiras muita adaptação. A geminiana fica um tanto incomodada com a intensidade emocional da escorpiana, enquanto esta julga a geminiana inconseqüente. As duas, no entanto, nutrem respeito pela mente poderosa uma da outra, e a escorpiana talvez use seus poderezinhos de sedução para fascinar a geminiana com sua personalidade magnética. Relação que tende a desequilibrar um pouco para o lado das vontades de Escorpião, mas pode ser uma experiência enriquecedora para ambas.

Gêmeos com Sagitário

O ar do intelecto investigador combina muito bem com o fogo da curiosidade incansável, produzindo faíscas estimulantes. Gêmeos e Sagitário são signos opostos no zodíaco, mas como são ambos mutáveis, se adaptam mais facilmente que os outros opostos às diferenças do companheiro. Conversam muito sobre tudo no universo, o geminiano atraindo a atenção do sagitariano para os detalhes e este levando o geminiano a olhar para longe e em grande escala. Parceria alegre e assumida, de muitas viagens, passeios e experiências diferentes.

Gêmeos com Capricórnio

Ar e terra precisam se ajustar para não brigarem: a geminiana gosta de se sentir livre para experimentar tudo o que atrai a sua curiosidade intelectual, enquanto a capricorniana prefere responsabilidade e solidez. A primeira vai e vem leve como o vento, a segunda gosta de se meter em projetos ambiciosos que requerem persistência para dar resultado. Ambas têm uma mente analítica e ordeira, gostando de categorizar os assuntos, mas precisam mudar um pouco o seu ritmo natural para se acertarem com a companheira. Caso consigam, a combinação difícil rende um amor precioso.

Gêmeos com Aquário

Ar com ar sempre amplifica suas qualidades, como a vontade de conhecer idéias e fazer amigos novos em pencas, e os defeitos, como a dificuldade de falar das emoções. Os dois signos são intelectuais, mas Gêmeos é um comunicador adaptável, que se transforma com facilidade, enquanto Aquário é um idealista ferrenho, que se apega às suas noções e não larga. O casal ainda assim tem grandes chances de se admirar mutuamente e aproveitar com gosto tudo o que o mundo tem a oferecer aos homossexuais, já que são o par mais assumido do zodíaco.

Gêmeos com Peixes

Ar e água nem sempre combinam fácil, mas nesse caso são ambas mutáveis, ou seja, concordam em ceder em prol do entendimento. Geminiana e pisciana são também signos duplicados, que compreendem as mudanças súbitas de humor e direção na vida e mesmo personalidade da outra. Enquanto Gêmeos analisa a vida com sua mente penetrante, Peixes compreende as emoções e sente compaixão, mas as duas estão sintonizadíssimas uma com a outra e com as pessoas em volta, sendo extremamente sociais. Casal que pode chegar a uma sintonia psíquica inacreditável e aprender muito juntas.

Câncer com...

Câncer com Câncer

Dois caranguejinhos se entendem, claro: é intuição para dar e vender, boas comidas, muito dinheiro no banco e humores que sobem e descem como gangorras. Ambos se adoram das profundezas de suas emoções, são dedicadíssimos, estáveis e *beeeeem* possessivos. Isso pode dar um pouco de simbiose demais, já que têm dificuldade de separar o que é de um e o que o outro fez e pensou. Ainda assim, os ataques de mau humor e ciumeira são compensados pelo carinho sem fim desse signo de casca dura e coração mole.

Câncer com Leão

Água e fogo precisam de cuidados para não se abafarem, mas nesse caso são signos vizinhos na roda do zodíaco, a leonina ajudando a canceriana a ter mais coragem e expressar a sua individualidade, enquanto esta dá todo o carinho e apoio emocional que a leonina precisa. As duas no entanto são bastante dramáticas, parecendo que vão terminar a relação a cada instante para depois voltarem chorando. As trocas emotivas são intensas, mas Leão precisa conter sua raiva para não ferir a sensibilidade de Câncer, enquanto o signo de água precisa segurar suas chantagens emocionais, que Leão odeia. Apesar dos escândalos, casal dedicado e amoroso.

Câncer com Virgem

Água e terra se alimentam, o canceriano provendo todo o carinho que o virginiano tem medo de pedir, e este rebatendo com sua solidez e capacidade de análise para botar ordem na vida emocional do parceiro. Os dois gostam de cuidar de coisas frágeis e vê-las crescer, sendo totalmente dedicados um ao outro. Virgem precisa tomar cuidado com suas críticas ao sensível canceriano, e Câncer equilibrar um pouco suas demandas emocionais para não sobrecarregar o senso de dever do companheiro. O casal se completa muito bem, tem um relacionamento durável e bastante próspero nos negócios e na ajuda aos amigos próximos.

Câncer com Libra

Água e ar precisam se ajustar para chegar ao equilíbrio, mas no caso de Câncer e Libra ambas desejam se sacrificar pelo amor e estão mais do que dispostas a tentar. A libriana fala e deseja entender um pouco demais as coisas para a emotiva canceriana, enquanto esta tem explosões emocionais um tanto súbitas e intensas demais para o gosto do signo de ar. Ainda assim, querem criar um ambiente de harmonia e oferecer todo o seu amor uma à outra, dedicando-se ao casamento com unhas e dentes. As duas são também cardinais, dispostas ao movimento e à liderança, podendo ser muito criativas juntas. Casal sensível e amoroso.

Câncer com Escorpião

Água com água combina bem porque os dois são antenados, intuitivos e emotivos. O escorpiano, no entanto, é mais implacável em sua maneira de agir quando resolve algo, podendo machucar os sentimentos do canceriano. Este, por sua vez, talvez incomode o parceiro com suas variações de humor e fragilidade emocional. A ligação entre Câncer e Escorpião mesmo assim funciona em níveis muito profundos, e a dedicação total do canceriano acalma as desconfianças do escorpiano, assim como este ensina o caranguejinho a ser mais forte e independente. Casal sério, ótimo na cama, muito expressivo um com o outro.

Câncer com Sagitário

Água com fogo precisa de bastante ajuste. Câncer gosta de ficar em casa num ambiente de carinho e intimidade, enquanto Sagitário adora expandir seus horizontes em contato com pessoas e idéias diferentes. A canceriana se machuca com os comentários francos e impensados da centaurinha, enquanto esta se incomoda com a cobrança emocional e a vontade de grudar da caranguejinha. Ainda assim, o amor entre as duas faz com que a canceriana saia um pouco da casca e se aventure, enquanto a sagitariana aprende a explorar melhor suas emoções e mundo interior. As brigas constantes servem para que o casal faça seus acertos e descubra as enormes riquezas dessa relação.

Câncer com Capricórnio

Água e terra combinam com facilidade, apesar de nesse caso serem signos opostos na roda do zodíaco, que se complementam e brigam bastante. Câncer oferece todo o carinho e apoio emocional que Capricórnio precisa mas é orgulhoso demais para pedir. Capricórnio, de seu lado, traz à relação uma estrutura firme, de projeto pensado a longo prazo. Os dois desabrocham no clima de segurança e continuidade que ambos criam: aqui está um casamento de anos e anos. Apenas o capricorniano precisa aprender a expressar suas emoções para o parceiro, e o canceriano desenvolver sua independência para não requisitar tanto do capricorniano. Discreto casal, que expressa sua homossexualidade de preferência dentro de casa.

Câncer com Aquário

Água e ar aqui estão em uma combinação bem complicada, que requer um jogo de cintura esperto. A canceriana busca um contato emocional profundo e constante, e adora ser a mãe que cuida e dá ordens. A aquariana odeia obedecer ou se sentir presa a obrigações, exceto as que ela própria julga importantes. Ela precisa portanto entender as necessidades da parceira e abrir-se para a terra estranha que é o mundo emocional. A canceriana precisa dar atenção às idéias da aquariana, e discutir com ela os ideais que são o cerne de sua vida. Se conseguirem, uma vai se tornar emotiva com interesses intelectuais mais amplos, e a outra vai ser uma intelectual mais em contato com seus sentimentos. O casal precisa também negociar a questão da moradia, central para Câncer e desimportante para Aquário; e de sair e se assumir, arriscado para Câncer e essencial para Aquário.

Câncer com Peixes

Água com água cria um ambiente de emoções à flor da pele, muita telepatia, cuidados um com o outro, carinho até a alma, sexo fácil e cheio de sentimentos. As diferenças estão na necessidade de segurança de Câncer, que requer uma tomada de posição que o escorregadio peixinho nem sempre consegue, e a total mutabilidade de Peixes, que prefere não ficar preso às ordens e ao grude do caranguejinho. Ainda assim, o casal tem tudo para criar uma relação profunda e marcante para os dois, que atende às suas necessidades emocionais mais difíceis de explicar. Em geral, encaram a homossexualidade como algo pessoal, que não precisa ser defendido ou exposto.

Leão com Leão

Você já viu duas leoas juntas? Às vezes parecem umas gatas grandes, carinhosas e brincalhonas, outras vezes parece que vão se matar. Fogo fixo com fogo fixo dá muito brilho nas festas, generosidade com as dúzias de amigos do casal e apoio mútuo à criatividade. Dá brigas espetaculares também, com teatrais choques de egos e rugidos ferozes. Apesar das teimosias multiplicadas – e a certeza *absoluta* de cada uma de estar certa –, este é um casal que tem tudo para dar certo, desde que nenhuma tente dominar a parceira. Acreditam em fidelidade, são honestas na relação e fazem as coisas de jeito bem feito, para durar.

Leão com Virgem

Fogo com terra exige acertos, já que vêem a vida de pontos bem distintos: o leonino prefere brilhar no mundo, enquanto o virginiano se preocupa com os detalhes. Um é exuberante e corajoso, o outro, prudente e realista. As críticas de Virgem incomodam o ego sensível de Leão, enquanto as emoções intensas assustam o signo mais pacato e contido de terra. Mesmo assim, o leonino pode ajudar o virginiano a expressar sua sensibilidade artística, e este ajudar o felino a prestar atenção nas necessidades alheias. Ambos são dedicados e persistentes quando entram em uma relação, podendo construir um casamento sólido e feliz.

Leão com Libra

Fogo e ar aqui combinam especialmente bem, Leão trazendo seu calor e coragem para a relação, Libra entrando com a vontade de se harmonizar com a parceira e contribuir com sua inteligência rápida e aberta. O casal adora gente e uma à outra, a leonina exuberante em sua expressão de afeto, a libriana convencida de que casamentos fazem bem à saúde. Os rugidos da gatona podem incomodar a sensibilidade da balança, e as ponderações librianas sobre opiniões dos outros impacientar a leonina, mas em geral este é um par que se entende muito bem e constrói uma vida entrelaçada e criativa.

Leão com Escorpião

Fogo com água requer diplomacia, mas, no caso desses dois signos fixos de poder, o cuidado precisa ser maior. Ambos são persistentes, sendo que Leão encara a vida com otimismo e coração aberto, enquanto Escorpião espera o pior e enxerga os podres humanos. Essa polaridade entre luz e trevas pode ser um casamento de magos – o mundo que se cuide! – ou uma guerra atômica diária.

Como relação, é radical: sexo fantástico, paixão exuberante e ocasionais ferimentos eternos. Ambos precisam treinar a arte de se comunicar, o leonino prestando atenção às emoções subterrâneas do parceiro, e este dando espaço à exuberância do gatão.

Leão com Sagitário

Fogo com fogo queima em entusiasmo, generosidade, milhares de amigos, diversão e arte. Esquenta nas brigas também: a leonina quer ser o centro da vida da sagitariana, que em geral vive ocupada demais para dar a devida atenção ao ego felino. A sagitariana quer variedade e muito espaço, se incomodando com a persistência e teimosia dos projetos da leonina. Mesmo assim, as duas se entendem muito bem, e são a alegria das festas lésbicas a que comparecem ou que promovem em sua casa confortável e aberta.

Leão com Capricórnio

Fogo com terra exige acertos, ainda mais desses dois teimosos, ambiciosos, mandões de fachada imponente. Leão faz com estilo e impetuosidade, para se expressar; Capricórnio faz de maneira calculada e metódica, para vencer no final. Os métodos são muito diferentes e provocam brigas constantes no dia-a-dia, mas os dois signos têm um respeito básico pela qualidade, pela integridade e pelo poder que ambos possuem. Se ninguém tentar falar mais alto, os dois podem descobrir ainda que por trás do rei arrogante e do estadista frio estão duas pessoas vulneráveis e carentes, que precisam muito ser acarinhadas. Casal que, uma vez que assuma seu amor, fica muito tempo junto.

Leão com Aquário

Fogo com ar estão aqui em oposição na roda do zodíaco, o que causa alguns conflitos. A leonina é calorosa e exige bastante atenção para sentir-se amada, enquanto a aquariana preocupa-se com os grandes ideais sociais e sente-se presa quando cobrada. As duas são de uma obstinação atroz e têm dificuldade em mudar de opinião, mas ainda assim se alimentam: são ousadas, criativas e otimistas. Como casal, se respeitarem suas diferenças intrínsecas podem fazer brilhantes contribuições à comunidade homossexual, a leonina aproximando a aquariana do calor das pessoas e a aquariana conduzindo a coragem da leonina para ideais de maior alcance.

Leão com Peixes

Fogo e água são uma mistura que precisa de ajustes, mas nesse caso há a forte tendência de Peixes de se adaptar por amor. Leão precisa de firmeza e fidelidade, Peixes é escorregadio por natureza e só vive feliz se tiver liberdade. O ego do leonino oprime um pouco o peixinho, e este deixa o leãozinho inseguro com suas promessas vagas. Ambos no entanto são românticos, gostam de artes e espetáculos, e se abrem com facilidade para um relacionamento. Se Leão der espaço a Peixes, poderá aproveitar o imenso carinho que este lhe dedicará. Se Peixes não se assustar com a possessividade de Leão, poderá se beneficiar de suas emoções mais estruturadas. Casal extremamente criativo, que pode ter uma relação muito profunda.

Virgem com...

Virgem com Virgem

Como todo relacionamento com o próprio signo, as facilidades dobram e as dificuldades idem. Nesse caso de terra com terra, as duas são prestativas e fazem todo o possível para atender às necessidades da outra. Cuidam da casa de maneira hiperorganizada, são econômicas, carinhosas e dedicadas. Também são críticas de si mesmas e da outra, podendo criar um clima em que nada está bom nunca! Se contiverem um pouco esse lado ácido, podem ter uma relação sólida e duradoura, numa casa linda com jardim mais lindo ainda.

Virgem com Libra

Terra com ar nesse caso é uma combinação mais fácil porque são signos vizinhos. Virgem se incomoda um pouco com a flexibilidade de Libra ao tentar agradar os outros, enquanto o libriano julga o virginiano muito duro em suas críticas. Ambos, no entanto, são preocupados com as outras pessoas, o virginiano desejando prestar uma ajuda prática e eficiente, o libriano querendo harmonizar o ambiente para que todos se sintam bem. A comunicação é possível porque Virgem tem uma mente analítica que combina com a inteligência social de Libra, basta que este seja o mais honesto possível e aquele aprenda um pouco de tolerância. O casal também se entende porque o virginiano é dedicado e o libriano acredita no casamento, podendo construir uma relação sólida e frutífera para ambos.

Virgem com Escorpião

Terra com água se completam, mas nessa dupla requerem um certo cuidado. A virginiana é uma pessoa sensível por trás de sua fachada analítica e pode ficar muito machucada com os comentários bem no alvo por parte escorpiana. Esta, por sua vez, pode reagir mal às críticas da companheira e começar uma guerra verbal. Apesar disso, a dedicação das duas cresce com o tempo, junto com a confiança na honestidade e integridade da outra: a virginiana ajuda a escorpiana a avaliar suas emoções com um pouco mais de isenção, e esta auxilia a companheira a entrar no mundo emocional com mais profundidade. Casal que pode viver um amor cada vez mais apaixonado se evitar as discussões ácidas e aprender a perdoar.

Virgem com Sagitário

Terra com fogo precisam de ajustes, que nesse caso são mais fáceis porque ambos os signos são mutáveis, ou seja, dispostos a se adaptar e se comunicar um com o outro. Virgem quer estabilidade e se preocupa com os detalhes práticos do dia-a-dia, enquanto Sagitário quer liberdade e encara as coisas de uma perspectiva mais global. Os dois podem se ajudar a ampliar sua maneira de ver o mundo – e brigar muito: o virginiano quer o sagitariano em casa tomando chá herbal, enquanto o sagitariano quer encontrar suas dúzias de amigos nas festas mais variadas. Ainda assim, o casamento pode acontecer e durar, para grande benefício de ambos.

Virgem com Capricórnio

Terra com terra se entendem, Virgem fornecendo todo o apoio e constância de que Capricórnio necessita, e a capricorniana devolvendo com estrutura e estabilidade em dobro. A relação é para lá de sólida, requerendo apenas que ambas aprendam a falar de seus sentimentos mais profundos, que em geral escondem atrás de fachadas de eficiência. A indecisão de Virgem pode deixar a cardinal capricorniana meio impaciente, assim como o complexo de chefe pode fazer Virgem sentir-se dominada. Ainda assim, a combinação é harmoniosa e deve render uma casa confortável e uma aposentadoria mais ainda.

Virgem com Aquário

Terra com ar é das parcerias que precisam de ajustes: a praticidade imediata de Virgem se choca com os sonhos para o futuro de Aquário. O signo de ar se ressente das críticas e foge da necessidade de segurança do companheiro, que por sua vez acha difícil planejar sua vida com alguém que deseja tanta liberdade. Os dois são persistentes no amor quando resolvem se empenhar e gostam de analisar a vida, podendo se entender bem no nível mental e criar muitas coisas juntos. Aquário é muito mais aberto quanto à sua homossexualidade que o virginiano, que nesse caso precisa aceitar os ideais do signo de ar como condição básica para ficar com ele.

Virgem com Peixes

Terra com água se alimentam, apesar de nesse caso estarem em oposição na roda do zodíaco e poderem ter alguns conflitos. A virginiana encara a vida de um ponto de vista detalhista e prático, a pisciana funciona na base das emoções e das energias sutis. Mesmo assim, ambas querem se doar à outra e dedicam-se a nutrir e ajudar uma à outra com sensibilidade, criando uma relação amorosa e muito confortável. Virgem fornece a firmeza e atenção ao cotidiano que falta a Peixes, que por sua vez auxilia a companheira a entrar em contato com suas emoções mais profundas. Casal que combina extremamente bem e pode ser muito feliz.

NÃO ENTENDO PORQUE VOCÊ GOSTA TANTO DE NAMORAR NESSE LUGAR?!?...
LEX

Libra com Libra

Ar com ar dá aqui cortesia somada, vontade de agradar o outro e uma grande variedade de interesses intelectuais. A relação é permeada de "O que você acha?" e "Você gostaria?", o que sem dúvida facilita os acertos. Os dois, no entanto, sentem dificuldade em expressar suas necessidades mais profundas, o que pode criar uma tensão escondida, e conversam por meses antes de qualquer decisão. Mas têm muitos amigos e partilham da vontade de uma casa harmoniosa e um casamento feliz, o que lhes dá grande chance de viver plenamente sua homossexualidade.

Libra com Escorpião

Ar com água sempre precisa de alguns acertos, nesse caso facilitados por serem signos vizinhos no zodíaco: Libra sente que tem a aprender com a profundidade de Escorpião. Ainda assim, a vontade de falar e entender o relacionamento de maneira intelectual de Libra incomoda a escorpiana, enquanto o impulso de Escorpião de tornar a união tudo o que existe no universo assusta o signo de ar. Ambas apreciam estarem juntas e apostam no casamento, tendo Libra de fato a aprender sobre sua vulnerabilidade com Escorpião, e a escorpiana podendo se beneficiar da abordagem mais calma e equilibrada dos problemas de Libra. Casamento com grande chance de muito crescimento interior.

Libra com Sagitário

Ar e fogo se alimentam, numa relação em que há respeito pelas idéias e liberdade de cada um. Libra e Sagitário gostam de livros, de justiça e de belos ideais, se entendendo muito bem na esfera mental. O libriano se incomoda um pouco com a falta de tato do centaurinho, ao passo que este considera as manobras diplomáticas do companheiro pura hipocrisia. A franqueza excessiva do sagitariano pode ofender Libra, enquanto a sessão "botar panos quentes" instiga o fogo de briga de Sagitário. Ainda assim, este é um casal que se ajuda muito na busca de seus ideais e na realização de projetos conjuntos, e se completa de maneira harmoniosa.

Libra com Capricórnio

Ar com terra já exige bastante conversa, mas no caso de dois signos cardinais a vontade de se entender tem de ser grande para evitar o cabo-de-guerra de quem manda em quem. A libriana gosta de resolver as coisas pela cabeça e pode se incomodar com a aparente falta de flexibilidade da parceira, enquanto a capricorniana prefere medir resultados e considera os ideais de Libra muita conversa para pouca ação. Ainda assim, os dois signos acreditam em investir energia na relação para chegarem a um acordo, de onde há uma grande chance de serem felizes juntas e terem um casamento duradouro, com muito respeito mútuo.

Libra com Aquário

Ar com ar resulta em conversas mil, muitos ideais partilhados, amigos em penca, vida intelectual para lá de ativa. Resulta também em uma certa dificuldade de abordar as emoções e de se preocupar com os detalhes mundanos da vida. Libra acha Aquário um tanto independente demais, além de rígido nos seus conceitos, ao passo que o aquariano considera o libriano muito "grudado" e preocupado em excesso com os outros. As diferenças são relativamente fáceis de resolver, no entanto, porque ambos acreditam na clareza da comunicação e em ir atrás do que importa. Aqui está um casal maravilhoso para o movimento homossexual, já que ambos são defensores ferrenhos da liberdade e dos direitos iguais para todos.

Libra com Peixes

Ar e água têm suas diferenças, mas no caso dessa combinação Libra presta atenção nos desejos de Peixes e esta percebe telepaticamente o que falta à libriana, criando uma relação em que a harmonia reina. A libriana quer um pouco de conversa objetiva demais para o gosto de Peixes, enquanto esta é um tanto vaga e sem ideais na perspectiva de Libra. Ainda assim, a troca faz parte essencial da relação, assim como o amor pelas coisas bonitas, o que cria a possibilidade de um casamento de muita sensibilidade e emoções sutis.

DEPOIS DO SUCESSO DO "BEIJO DA MULHER-ARANHA" CHEGOU...
O BEIJO DA MULHER-ESCORPIÃO
PARE! PARE! EU FALEI PRA NÃO BEIJAR TÃO ARDENTE!!!
ORA... POR QUÊ?
PEGOU FOGO NO LIVRO!!!
SACO!!!

Escorpião com Escorpião

Água com água, signo fixo em dobro: muita intensidade, muito poder, sexo, sexo, sexo. As fraquezas do signo também duplicam: cada um *sente* que está certo e não cede, tem ciúme da própria sombra, tem um certo pique de manipular o parceiro. Relação sem meio-termo: ou dá certo maravilhosamente, com muita comunicação psíquica e junção de destinos cármicos, ou os dois entram em erupção vulcânica e cobrem a casa de lava incandescente...

Escorpião com Sagitário

Água e fogo requerem um tanto de negociação: a escorpiana quer uma fusão total de sentimentos e identidades, a sagitariana deseja liberdade para perseguir seus ideais. Por outro lado, Escorpião pode ensinar à parceira um contato mais profundo com as suas emoções e Sagitário mostrar o caminho para uma visão de mundo mais ampla e justa. O casal tem muito a aprender uma com a outra, mas a centaurinha precisa tomar cuidado para não ofender a escorpiana com suas raivas súbitas e superficiais, e a escorpiana precisa dar espaço à companheira para se expressar. Quando se entendem, são extremamente criativas e poderosas juntas.

Escorpião com Capricórnio

Água e terra se apóiam numa relação que nenhum dos dois têm medo de aprofundar. Escorpião dá ao parceiro todo o apoio emocional de que ele precisa, enquanto Capricórnio corresponde com firmeza e estrutura. O bodezinho pode se incomodar com a intensidade de emoções do escorpiãozinho, e este se ressentir da frieza aparente do parceiro. Ambos tendem também a brigar pelo controle, já que Capricórnio é um líder inato por ser cardinal, e Escorpião controla as situações pelo seu entendimento das verdadeiras motivações das pessoas. Se desenvolverem o respeito mútuo pelas qualidades de força e constância que ambos apresentam, serão um casal estável e com muito a oferecer um ao outro.

Escorpião com Aquário

Água e ar são nesse caso uma das combinações que mais exigem acertos: Escorpião e Aquário são signos fixos, com tendência a defender sua posição até a morte antes de ceder. A aquariana acredita em sua liberdade essencial para compreender a vida, enquanto a escorpiana funciona através das emoções profundas e requer proximidade constante. Aquário reage com fúria quando sente que Escorpião tenta manipulá-la, e a escorpiana se ressente do distanciamento da aquariana quando quer expressar sua paixão. Ambas compartilham um veio revolucionário e são bastante poderosas, podendo ajudar-se nas transformações profundas por que anseiam.

Escorpião com Peixes

Água com água facilita o entendimento, nesse caso telepático entre os dois signos. Ambos percebem energias e funcionam no reino da troca energética, sendo como bálsamo um para o outro nesse mundo tão materialista. Escorpião é um tanto manipulativo para o gosto do peixinho, que às vezes quer escorregar para longe da malha de paixão restritiva do parceiro, enquanto Peixes parece envolvido de menos para o escorpiãozinho. Os dois tendem ainda a ampliar sua percepção pessimista da raça humana, já que lhes sobram antenas sensíveis ao sofrimento. Como casal, conseguem se afinar de maneira mágica, podendo aliás se dedicar às artes da bruxaria e da cura com excepcional sucesso.

Sagitário com Sagitário

Fogo repetido resulta numa relação entusiasmada, cheia de viagens e atividades com amigos os mais variados. As brigas são freqüentes mas não duram muito, as risadas e o prazer juntas uma constante. O entendimento é fácil, assim como o respeito pela liberdade da outra, que as duas consideram essencial. O único entrave pode ser a dificuldade de falar das emoções mais profundas, já que as centaurinhas são superextrovertidas, pouco dadas à reflexão intimista. Os ideais e a visão de conjunto partilhados podem levar as duas a fazer muita coisa juntas, para o bem de todo mundo. Casal divertido e popular nas rodas homossexuais.

Sagitário com Capricórnio

Fogo e terra precisam de ajustes, mas nesse caso são signos vizinhos no zodíaco e Sagitário em geral reconhece que tem o que aprender com Capricórnio. O centauro gosta de liberdade e de atividades novas a cada dia para expandir sua consciência, enquanto Capricórnio prefere a rotina disciplinada em busca de objetivos determinados. O primeiro acha o parceiro rígido e pessimista, o segundo considera o sagitariano um sonhador pouco focado. Ambos no entanto se preocupam com grandes causas, têm uma visão consciente da sociedade e almejam ser úteis. O casal pode se ajudar muito, o sagitariano convidando o capricorniano a abrir seus horizontes e rir mais, e este auxiliando o sagitariano a ser mais consistente. Se conversarem sobre suas diferentes necessidades emocionais, podem construir um relacionamento muito bom para os dois.

Sagitário com Aquário

Fogo e ar se complementam, e no caso desses dois signos ligados a movimentos sociais a parceria é muito criativa. A sagitariana quer entender o mundo, a aquariana mudá-lo, ambas de forma idealista e muito ampla. O respeito pela individualidade e liberdade pode fazer parecer que se trata de uma associação e não de um casamento. Nenhuma das duas é muito romântica, mas se entendem tão bem que alimentam seus impulsos criativos e ajudam a realização dos sonhos uma da outra. Aquário é um pouco teimosa e dogmática demais para o gosto de Sagitário, enquanto esta se expressa de maneira um tanto feérica e exagerada para os padrões do signo de ar. Mesmo assim, aqui está um casal com tudo para assumir seu amor e ser feliz.

Sagitário com Peixes

Fogo e água em geral se abafam se não souberem se entender, mas temos aqui dois signos mutáveis, portanto pouco arrogantes e bastante dispostos a ceder em prol do bem da relação. Peixes é sensível e funciona pela emotividade, enquanto Sagitário é direto e brusco, habitando o reino das idéias. O primeiro sente-se ferido pelas explosões extravagantes e superficiais do parceiro, enquanto o centaurinho sente-se tolhido pela fragilidade do peixinho. Os dois podem contribuir muito para o bem estar do casal, pois Peixes precisa do entusiasmo do signo de fogo, e Sagitário aproveita o acolhimento do signo de água. Os dois são sonhadores e se preocupam com a sociedade em geral, apesar de não gostarem muito dos detalhes práticos do dia-a-dia.

Capricórnio com...

Capricórnio com Capricórnio

Terra com terra dá aqui ambição somada, muito planejamento e uma certa competitividade, já que as duas cabrinhas querem estar lá no alto do sucesso. As duas se apóiam em todas as horas e constróem uma relação para durar, o que é reconfortante para esse signo internamente inseguro. A dificuldade das duas é falar de sua fragilidade secreta e se soltar, já que ambas são sérias e apegadas ao dever. A convivência ajuda esse relacionamento ir ficando cada vez melhor, já que com Capricórnio tudo se aprimora com o tempo, e as duas vão aprendendo a confiar mesmo seus medos à parceira. Casal sólido como rochedo e com boas chances de ser bastante próspero.

Capricórnio com Aquário

Terra com ar pede bastante ajuste, que no caso desses dois signos é um pouco facilitado por serem vizinhos no zodíaco, fazendo com que Capricórnio reconheça que tem algo a aprender com Aquário. O signo de terra deseja estabilidade e constância, enquanto Aquário precisa de liberdade para perseguir seus ideais. Os dois são um tanto reservados quanto a seus sentimentos mais profundos e teimosos em suas opiniões, o que torna o diálogo emocional um desafio para ambos. Entendem-se bem no nível intelectual, uma vez que Aquário admira a organização de Capricórnio e este aprecia as idéias revolucionárias do parceiro. No âmbito das realizações, os dois se ajudam muito. Já no relacionamento, precisam aprender a se abrir para o diferente, de modo a poderem aproveitar todo o poder um do outro.

Capricórnio com Peixes

Terra e água se complementam, Peixes dando a Capricórnio o suporte emocional que esta precisa mas não pede, e Capricórnio dando a Peixes a estrutura de que esta necessita. A capricorniana é muito prática e ambiciosa, tendendo a julgar a mobilidade da pisciana como falta de objetivos, enquanto para Peixes o comportamento de Capricórnio é rígido e seco, fazendo-a parecer pouco amorosa. Ambas são dedicadas e entram com tudo na relação, preocupando-se uma com a outra e construindo a confiança. Quanto mais a capricorniana aprender a expressar seus sentimentos e a pisciana a apreciar o lado concreto das realizações, tanto mais este casal vai se entender.

EU TENHO UMA NAMORADA AQUARIANA, SABE? GOSTO MUITO DELA!..
ELA TEM UM CORPO LINDO...
... PENA QUE A CABEÇA NÃO PARE MUITO NELE!!!

Aquário com Aquário

Ar com ar dá aqui uma combinação cheia de ideais compartilhados, e uma teimosia como só dois signos fixos podem ter. Aquário respeita a liberdade do companheiro mas não cede facilmente em suas opiniões, sendo mais simples os dois terem uma amizade que um casamento. Urano, no entanto, é um regente imprevisível: se esses dois resolverem que são o amor da vida um do outro, não haverá o que os separe. Revolucionários, assumidos, inteligentes, inovadores, eis um casal incomum e muito salutar à comunidade homossexual.

Aquário com Peixes

Ar e água precisam de comunicação para se ajustarem, já que Aquário funciona pelo intelecto e os ideais, enquanto Peixes opera na base das emoções e da sensibilidade. A pisciana compreende mais facilmente a parceira do que o inverso, dando-lhe carinho quando esta precisa e espaço quando ela (freqüentemente) o deseja. Peixes sofre um pouco na parceria porque a aquariana, apesar de dedicada, raras vezes é tão carinhosa e próxima quanto a pisciana gostaria. Ainda assim, o casal alimenta seus sonhos de mudança e de um mundo melhor, podendo fazer uma aliança criativa e inspirada.

Peixes com...

CARA, ONTEM FIZ AMOR COM O EMILIANO PELA 1ª VEZ! FIQUEI IMPRESSIONADO, ELE TEM AQUELE ÓRGÃO TÃO GRANDE, MAS TÃO GRANDE QUE NÃO CABE N...
NA CUECA?!?
QUE CUECA, Ô CARA?!?

NÃO CABE NO PEITO MESMO!!!

Peixes com Peixes

Água com água nutre os sentimentos, chora junto, capta as intenções no ar, faz amor de modo afinadíssimo, troca carinho até não mais poder. Por outro lado, dois peixinhos se perdem em sonhos juntos, se afundam em lamentações e abandonam a realidade também em dobro. É fácil para estes dois sentirem-se feridos, e falta um pouco de objetividade para conversarem sobre o que sentem. No entanto, são capazes de estabelecer uma ligação tão profunda e mística que quase se tornam uma única entidade, sensível e preocupada com o bem-estar dos outros.

SOBRE A AUTORA

ESTELA ROTTA LOBO é uma aquariana de São Paulo, com Lua em Escorpião e Ascendente em Leão. Aos dezoito anos começou a se interessar pela astrologia e aos vinte enveredou em estudos alternativos no País de Gales, terra de muitos magos. Estudou jornalismo na Escola de Comunicações e Artes da Universidade de São Paulo mas não seguiu carreira. Em 1990 foi morar nos Estados Unidos, quando conheceu sua namorada. Hoje passa mais tempo em San Diego, na Califórnia, do que no Brasil. Escreveu este livro através de um contato astral profundo (auxiliado por um fax) com o Marcio.

UM ILUSTRADOR DE OUTRO MUNDO

O famoso rosto de Marcio Baraldi esculpido na superfície do planeta Marte é a única foto que existe deste emérito cartunista.

Áries com Ascendente Touro, Cavalo de fogo com Ascendente Dragão. A astrologia logo revela o que Marcio realmente é: um *animal*! Na sua vida anterior, Marcio foi Conan, o Bárbaro, tendo de reencarnar como cartunista e trabalhar 25 horas por dia para pagar por seus pecados. Chargista no Sindicato dos Bancários de São Paulo, seu trabalho também pode ser conferido mensalmente nas revistas *Rock Brigade, Metalhead, Roadie Crew, Tatto, Dynamite, Antenada, Brazil, Sex Symbol, Visão Espírita, Jornal Página Central* etc.

Contatos profissionais: (011) 232-4222, ramal 509 ou
e-mail: mbaraldi@spbancarios.com.br

FORMULÁRIO PARA CADASTRO

Para receber nosso catálogo de lançamentos em envelopes lacrados, opacos e discretos, preencha a ficha abaixo e envie para a caixa postal 1292, cep 04010-970, São Paulo, SP, ou passe-a pelo telefax (011) 539-2801.

Nome: ____

Endereço: ____

Cidade: __________________________ Estado: ______________

CEP: __________–________Bairro: _________________________

Tels: (___) ________________________ Fax: (___) __________

E-mail: ______________________ Profissão: _______________

Você se considera: ☐ gay ☐ lésbica ☐ bissexual ☐ travesti

☐ transexual ☐ simpatizante ☐ outro/a: _______________

Você gostaria que publicássemos livros sobre:

☐ Auto-ajuda ☐ Política/direitos humanos ☐ Viagens

☐ Biografia/relatos ☐ Psicologia ☐ Outros: __________

☐ Literatura ☐ Saúde

☐ Literatura erótica ☐ Religião/esoterismo

Você já leu algum livro das Ediçõeds GLS? Qual? Quer dar a sua opinião?

Você gostaria de nos dar alguma sugestão?

Impresso pelo Depto Gráfico do
CENTRO DE ESTUDOS
VIDA E CONSCIÊNCIA EDITORA LTDA
R. Santo Irineu, 170 / F.: 549-8344